KB244347

내 월급 사용 설명서

죽어도 돈 안 모이는
월급쟁이를 위한

# 내 월급
# 사용 설명서

전인구 지음

21세기북스

# 돈 모으지 못하는
# 직장인의 비애

"안녕하십니까! 신입사원 ○○○ 입니다. 열심히 하겠습니다!"

첫 출근하던 그날을 기억하는가? 이제 고생은 끝났다고 생각했을 것이다. 더 이상 새벽에 겨우 눈 비비고 일어나 도서관의 좋은 자리를 잡으러 무거운 가방을 메고 나가지 않아도 된다. 지칠 대로 지친 몸과 마음을 이끌고 밤 늦게까지 공부할 필요도 없다. 더 이상 부모님에게 책값, 밥값을 받을 필요도 없다.

얼마나 뿌듯했었는가? 온몸이 터질 것 같은 기쁨을 맘껏 누리며 친구들에게 합격 턱을 쏘던, 이제 고생은 끝났다던 '순진한' 시절이었다. 그리고 드디어 첫 월급! 통장에 찍힌 200만 원 조금 안 되는 금액을 보면서 여러분 모두 감격의 눈물을 흘렸을 것이다.

하지만 곧 여러분들은 신기한 현상을 체험하게 된다. 크게 한턱 낸 것도 아닌데 카드 값은 월급에 육박하고 월급이 로그인했다가 카드 결제일에 로그아웃하는 이 현상을 말이다. 월급날 들어온 돈이 얼마 안 있어 사라지고 만다.

실제로 대다수의 사회초년생들이 재테크는커녕 한 달 한 달 카드 값을 갚기 위해 고군분투하거나 간신히 적자만 면하고 있다. 잘못된 투자로 모은 돈을 까먹는 경우도 흔히 볼 수 있다. 그래도 이들은 아직 젊기에 그나마 낫다. 중년의 나이에 노후를 위해 돈 불리는 법을 몰라 모은 돈이 없거나 그나마 있는 돈을 잘못 투자해 큰 손해를 본 뒤 상담을 하러 오는 분들도 많다.

여러 부류의 사람들과 재무설계 상담을 하면서 재테크에 무지한 사람들이 정말 많다는 데 놀랐다. 대부분 월급이 끊기는 순간 생계가 유지되지 않는 처지였고, 제대로 재테크 방법을 배운 적이 없어 단순한 유혹에도 넘어가 재산을 날린 경우도 많았으며, 주변에 이런 경우를 보고 재테크 자체에 매우 부정적인 시각을 갖거나 저축이 최고라고 생각하는 저축 신봉자, 연금이 있으니 막 써도 된다는 연금 신봉자 등 잘못된 경제생활을 하는 사람들이 너무도 많았다. 위와 같은 사람들은 어떻게 보면 자신의 인생에 무책임한 사람들이다. 최소한의 지식이라도 갖추고 재테크 세상에 뛰어 들었다면 이야기는 달라졌을 것이다. 내 돈 한 푼 한 푼의 의미, 내 인생의 가치를 새긴 다음 재테크를 시작해야 한다.

그래서 앞으로 계속 생계를 유지해 나가야 하는 직장인들, 재테크를 시작해야 하는 젊은 사회초년생들의 잘못된 경제생활을 바로잡고 올바른 재테크를 더 많은 사람들에게 알리기 위해 이 책을 쓰게 되었다.

돈이라는 것이 인생의 전부는 아니다. 하지만 정말 중요한 부분을 차지하고 있기에 우리는 돈에 대해서 알아야 한다. 돈을 다룰 줄 알아야 내 미래를 책임질 수 있다. 그러기 위해서는 월급과 연금에 의존하지 말아야 한다. 첫째로 아껴야 하고, 둘째로 돈을 모아야 하며, 마지막으로 돈을 불려야 한다.

그래서 이 책에 불필요한 지출을 줄이고 효율적으로 돈을 쓰는데 도움이 될 방법들과 우리가 잘못 알고 있는 경제 지식들을 담았다. 그리고 이를 바탕으로 매달 적자인생에서 흑자인생으로 전환을 한 뒤 돈을 빠르게 모을 수 있는 다양한 방법들을 제시했다. 마지막으로는 목돈을 까먹지 않고 제대로 투자할 수 있는 효과적인 재테크 방법들, 예컨대 저축, 보험, 펀드, 주식, 경매, 창업을 다루었다. 다양한 방법 중 자기에게 잘 맞는 것을 찾아 돈을 벌어주는 파이프라인을 설치하길 바란다.

다양한 내용들이니만큼 공부할 것들도 많지만 최대한 쉽고 재미있게 쓰려고 노력했다. 누가 읽어도 이해할 수 있는 재테크 교과서가 되고자 어려운 용어는 최대한 지웠다. 그래서 피부에 직접 와 닿는 내용들 위주로 구성했고 그만큼 돈을 모으고 불리고 안정적인 노후를 대비하는 데 쏠쏠한 도움이 될 것으로 믿어 의심치 않는다.

백 번 듣는 것보다 한 번 보는 것이 낫다는 말이 있다. 그리고 보는 것보다는 실천하는 것이 중요하다. 실제로 실천을 했느냐 안 했느냐의 차이는 성패를 결정한다. 실패는 성공의 어머니라는 말처럼 실패의 두려움을 극복하고 행동으로 옮겨 몸으로 부딪치다 보면 더 빨리 배울 수 있고 남보다 성공에 더 빨리 다가설 수 있다. 이 책은 성공적인 재테크를 위해 바로 실천 가능한 내용들이 담겼다. 이 책을 통해 제테크뿐만 아니라 인생에서도 승리자가 되길 바란다.

# 5장 인생에서 꼭 필요한 핵심 재테크

# 월급으로
# 부자 되기 프로젝트

"아이고, 쟤들은 아무 걱정 없겠다."

"그러게, 부모 잘 만나서 인생 그냥 편히 산다, 그치?"

"우리 아버지는 왜 재벌이 아닐까?"

오랜만에 가지는 입사동기와의 술자리……

호프집 TV에 나오는 재벌 2세들의 이야기에 자연스레 신세한탄이 쏟아져 나온다.

"민구 씨는 돈 많이 모았어?"

"형, 모을 돈이 어디 있어? 카드 값에, 세금에, 차도 사야 하지. 여자친구 집이 부자인데 그것만 믿고 있어요."

"에이, 여자친구 집안 재산이 민구 씨 재산이 되겠어? 아, 술 당기네…… 일단 한잔 하시고!"

술자리가 파하고 혼자 터벅터벅 자취방으로 돌아오는 길, 민구 씨는 자기도 모르게 한숨이 푹 나온다.

"누구는 태어날 때부터 저렇게 편하게 사는데…… 누구는 피 터지게 공부했어도 개같이 일해서 돈 모아야 하고! 더러운 세상!"

아무리 생각해도 억울하다. 왜 세상은 이런 걸까? 나도 과연 부자가 될 수 있을까? 결국 이렇게 평범하게 늙어 죽는 것은 아닐까?

"저기 좀 길에서 비켜요!"

술 취해 비틀비틀 걷고 있는 민구 씨 등 뒤에서 성난 목소리가 들려왔다. 민구 씨는 돌아보았다.

차 한 대가 뒤에서 따라오고 있었다. 민구 씨는 자기도 모르게 골목길 한가운데를 걸어가며 차가 못 지나가게 막고 있었던 것이다.

"뭐요!"

왠지 모를 오기가 생긴 민구 씨는 그대로 계속해서 길 한가운데로 걸었다. 자기가 사는 동네에서도 무시당하나 하는 생각이었다.

한참을 그렇게 걷다가 다시 뒤를 돌아본 민구 씨는 깜짝 놀랐다. 차가 계속 자신의 뒤를 따라오고 있었던 것이다. 그는 취기가 가시면서 멋쩍고 미안한 마음이 들어 슬쩍 길가로 걸음을 옮겼다.

뒤에서 따라오던 차가 민구 씨 옆을 지날 때 갑자기 운전석 창문이 내려졌다. 창 너머로 웬 노신사가 민구 씨를 노려보았다.

민구 씨는 자기도 모르게 꾸벅 사과를 했다.

"죄송합니다."

"…… 타요!"

"?"

왠지 모를 호기심에 민구 씨는 노신사의 차에 탔다. 타고 보니 그 차는 외국 유명 B사의 고급 세단이었다. 뭔가 울컥하는 게 다시 올라왔다. 이 사람도 부자구나…… 내가 평생 일해도 될 수 없는 그런 부자…… 그런데 이 차는 얼마일까? 평생 벌어도 못 사겠지? 노신사의 얼굴을 쳐다본 민구 씨는 깜짝 놀랐다. 이 노신사는 바로 얼마 전 매스컴에서 재테크의 신으로 등극한 김○○, 미국 B대학 경제학과 교수였던 것이다!

"교수님!"

민구 씨는 자기도 모르게 '교수님' 하고 소리쳤다.

"교수님은 어떻게 이런 부자가 되었습니까? 저도 교수님처럼 부자가 되고 싶습니다."

"누구나 부자가 되고 싶어 하지…… 허허 거의 다 온 것 같은데 어서 내려요."

"……"

어느덧 민구 씨의 자취방 부근에 도착해 있었다. 민구 씨는 용기를 내어 김 교수에게 부탁했다.

"저, 죄송하지만 교수님께 부자가 되는 방법을 배우고 싶습니다."

"그거는 쉽게 못 가르쳐 주지."

"꼭 가르쳐 주십시오"

민구 씨는 무작정 김 교수에게 매달렸다. 평소 소심한 성격 탓에 남에게 부탁을 잘 못하는 민구 씨지만 어쩐지 지금 이 기회가 자신의 인생의 마지막 기회라는 생각이 들었던 것이다.

"그렇다면 부자에게는 어떤 특징이 있는지 알아보게."

"네?"

"제대로 배우려면 기본부터 알아야 하지 않겠나?"

"……"

"부자의 특징을 알게 되고 머릿속에 넣었으면 이 번호로 연락을 하게."

김 교수는 연락처가 적힌 적은 쪽지를 건네주고 떠나버렸다. 민구 씨는 멍해졌다. 나에게 이런 기회가 찾아오다니…… 반드시 이 기회를 잡고 싶었다.

이후, 민구 씨는 독하게 부자의 특징에 대해 공부했고 다시 노신사와 만남을 가졌다.

"재테크는 무엇과의 싸움이라 생각하는가? 재테크는 인플레이션과의 싸움이네."

"?"

"재테크는 끊임없는 인플레이션과의 싸움이야. 투자한 자산이 인플레이션보다 이익이 크게 나야만 자산이 불어나는 것이지. 연 5%짜리 적금을 들었어도 그해 물가상승률이 5%이면 내 자산은 불어난 게 아니라 그대로인 것이지. 만약 투자수익이 물가상승률만도 못하면 내 자산은 줄어든 것이고 물가상승률보다 높으면 늘어난 것이지.”

민구 씨는 꼼꼼히 메모해 나갔다. 정신이 바짝 들었다. 김 교수의 표정은 사뭇 진지했다.

“주변에 성실히 적금 넣는 친구들 있지? 성실히, 고생스럽게 적금 넣어도 부자가 될 수 없어. 아, 물론 예전에 은행이자가 연 30%이던 때에는 이만 한 투자가 없었지만 이제 보통예금은 이자가 0%에 가깝고 적금이자라고 해도 잘해야 5%인데 세금을 떼고 나면 그해 물가상승률을 따라잡기에도 벅차단 말이야. 예전에는 1억만 있어도 부자라는 소리를 들었는데 지금은 10억은 있어야 노후를 대비하니 마니, 하지 않는가? 그때 1억을 그냥 들고 있던 부자는 지금 평민으로 전락했을 것이야. 한마디로 우리는 평생 인플레이션과 싸워 가면서 내 재산을 유지해야만 10년, 20년, 50년 뒤의 미래를 보장할 수 있단 말일세.”

민구 씨는 김 교수의 설명에 이미 정신을 잃을 지경이었다.

“그래도 적금을 하면 돈도 아끼고 안전하고, 좋은 점들이 있잖아요?”

“허허. 열심히 적금이자 이상의 파이프라인을 찾아야 한다고 알려줘도 아직도 적금이 최고니, 연금이 최고니, 하면서 주구장창 저축만 하는 사람들을 볼 때마다 가슴이 아파. 직장인 재직기간이 길어야 30년이고 은퇴 후 죽을 때까지의 시간이 30~40년이라고 하면, 내 재산의 절반을 저축해야 은퇴 후 생활이 보장된다는 이야기인데 박봉으로 결혼하고, 차 사고, 집 사고, 애 낳아 기르고, 대학 보내고, 결혼시킨 다음에 내 노후까지 감당한다는 것은 애초에 무리가 있지 않을까?”

“아……”

“자네는 돈을 얼마나 모으고 있나?”

“교수님, 사실 돈을 모으기가 어렵습니다.”

“허허, 자네만 할 때는 다 그렇지. 내 제자들 이야기를 해 줄까? 그 친구들도 역시 자네처럼 돈 모으기 어렵다고 불평불만이지. 그런데 그 친구들이 어떻게 사는 줄 아나?”

“?”

“자기들 딴에는 아껴 쓰고 절약하며 힘겹게 사는 것처럼 이야기하지만 정말 그럴까? 내 답은 ‘아니올시다’네! 연휴 때마다 해외여행가고, 일찍 퇴근하는 날은 데이트하고, 회사에서는 틈틈이 인터넷 쇼핑을 하는 등 쉴 새 없이 돈을 쓰고 있지 않은가?”

“에이, 그 정도는 하고 살아야지요. 교수님.”

“쯧쯧, 그렇게 생각한다면 기본이 안 된 거야.”

“……”

# 월급으로 부자가 될 수 있을까

TV나 신문을 보면 기가 죽는다. 특히 피 튀기는 경쟁 없이도 우리의 소망인 큰 집과 멋진 외제차를 소유하고 있는 재벌 2세를 보면 한없이 부럽고 자신이 한없이 초라해진다.

직장인들 중에서 부자가 많이 나와야 한다. 그래야 국가와 기업을 위해 일을 할 때 검은 유혹에 흔들리지 않고 공정하게 업무를 수행할 수 있다. 돈이 많으면 청렴하지 못하다고 생각하는 경우가 많은데 그렇다고 가난하다고 청렴한 것은 아니다. 오히려 돈이 있어야 돈에 휘둘리지 않고 청렴할 수 있다. 역사적으로 청렴하기로 소문난 조선시대 황희정승도 실제로는 대토지를 소유한 부자였다.

그런데 그저 평범한 직장인이 부자가 될 수 있을까? 될 수 있다. 실제 샐러리맨에서 부자가 된 사람들이 많다. 하지만 이들이 부자가 된 비결을 종합해보면 월급으로 부자가 된 것이 아니라는 결론이 나온다. 물려받은 재산이 있다든가, 배우자의 사업이 성공했다든가, 아니면 정말 혀를 내두를 정도의 자린고비인 경우를 제외하고 말이다. 하지만 자린고비형 부자는 이 책에서 지향하는 방향이 아니다. 쓸 때 쓰는 합리적인 소비를 하고, 남들에게 손가락질 받지 않고 존경을 받는 부자가 우리의 지향점이다.

사업자와 달리 샐러리맨의 장점은 경기가 좋든 나쁘든 기복 없이 꾸준하게 현금이 유입된다는 점이다. 현금이 꾸준하게 들어온다는 것은 정교한 재테크 계획이 가능하다는 뜻이기도 하다. 그만큼 계획성 있게 돈을 쓸 수 있고 모을 수 있고 불릴 수 있다.

직장인의 가장 큰 단점은 세금이다. 사업자와 달리 직장인의 소득은 투명하게 노출되어 있다는 것이다. 예를 들어 기업이 친환경 관련 사업을 하면 세금 혜택을 받지만 그 기업의 근로자는 친환경 관련 일을 한다고 해서 세제 혜택을 받는 것은 아니다. 직장인은 돈을 벌어도 세금(소득세)을 내고 돈을 써도 세금(부가가치세)을 내고 저축을 해도 세금(이자소득세)을 내고 차나 집을 사도 세금(취득세)을 내고 가지고 있는 동안에도 세금(재산세)을 낸다. 그리고 많이 벌면 벌수록 세금도 많이 낸다.

간혹 투잡을 하거나 쇼핑몰을 운영해 부수입을 올리는 사람도 있지만 대다수의 직장인은 그럴 시간적 여유가 없고 경우에 따라서는 직장에서 투잡을 금지하고 있다. 하지만 규정이 허용하는 범위 내에서 돈을 불리는 투자는 할 수 있다. 이 허용 범위 내에서 가능한 모든 종류의 재테크 방법을 소개할 것이다. 이 중에서 자신에게 맞는 방법들을 골라서 재산을 불려 가면 부자가 될 수 있다.

앞으로 딱 30년만 평균 연 30% 수익을 내면 2,700배의 수익을 얻을 수 있다. 2,700배라…… 안 믿겨질 것이다. 1억이 2,700억이 된다니…… 월급으로 이런 일이 가능할까? 더하기의 개념인 저축으로는 절대 불가능한 일이지만 곱하기 개념인 재테크로는 충분히 가능한 일이다. 반대로 빚도 곱하기 개념일까? 맞다. 연 30% 이자로 1억을 빌리면 30년 뒤에는 2,700억을 갚아야 한다! 사채의 늪에 빠진 사람들이 쉽게 빠져나오지 못하는 이유가 여기에 있다. 빚으로 투자를 하지 말라는 것도 이 때문이다.

중요한 사실 하나 더! 나는 부자가 될 수 있고, 곧 부자가 된다는 긍정적인 생각과 신뢰가 중요하다. 긍정의 힘으로 계획하고 실천하면 진짜로 현실이 된다. 불평과 근심, 걱정 등은 긍정의 힘을 깎아먹고 성공을 실패로 끌어내릴 뿐이다. 성공하는 사람들은 부정적인 생각을 할 틈이 없고, 하지도 않는다. 명심하길! 당신은 이제 진짜 부자가 되는 것이다. 우리 한번 해보자.

# 부자가 될 수밖에 없는 이유

부자들은 어떤 특징이 있을까? 물론 벼락부자, 졸부들을 제외한 존경받는 부자들의 특징들 말이다. 자세히 살펴보면 공통적인 부분들을 발견할 수 있다.

첫째, 부자들은 돈을 효율적으로 쓴다. 즉, 쓸데없는 데 돈을 흘리지 않고 합리적인 소비를 한다. 수입을 늘리는 것보다 지출을 줄이는 것이 더 어렵고 더 중요하다는 것을 알고 있기 때문에 이렇게 군더더기 없는 지출을 통해서 흑자를 낸다. 또 이 흑자를 꾸준히 유지함으로써 돈을 모으고, 모아진 돈으로 다시 돈을 불려나가는 선순환 구조를 가지고 있다. 이런 합리적인 습관이 몸에 배어 오랜 생활 습관이 되다 보니 부자가 되어서도 남들에게 검소한

생활을 보여주게 되고 존경받게 되는 것이다.

둘째, 부자들은 고위험·고수익보다는 저위험·저수익을 선호하는 경향이 강하다. 고위험·고수익을 선호하며 인생 한 방을 외치는 부자는 아직 못 봤다(앞으로 더 살다 보면 만날지도 모르겠지만). 이들은 원금을 잃는 것을 극도로 싫어하는 사람들이다. 지금 재산을 잃지 않고 유지만 해도 부자이기 때문에 굳이 원금 손실 위험을 무릅쓰고 고수익에 투자할 이유가 없다. 1%의 이자라도 더 받으려고 특판예금에 줄 서고 기다리는 사람들이 이들이다. 서브프라임 사태 이전까지 부자들이 주로 부동산에 투자했던 이유도 이 때문이다. 부동산은 가격이 하락하지 않고 꾸준히 상승했기에 이들에게는 그동안 원금을 보존하면서 재산을 불릴 수 있는 훌륭한 투자처였던 것이다.

셋째, 돈 들어오는 파이프라인이 여러 개다. 안정적인 현금유입을 위해 다양한 수익원을 확보하고, 그 후로도 또 다른 수익원을 꾸준히 늘려 간다. 갑자기 상황이 변했을 때 현금유입이 끊겨 크게 손실을 입기보다는 한 군데가 끊겨도 다른 곳에서 꾸준히 현금이 들어올 수 있는 파이프라인을 구축한다. 주식, 부동산, 채권, 예금, 펀드 등에 골고루 분산투자해서 안전장치를 마련하고 있다.

그래서 경제 전반에 대한 상식도 굉장히 많은 편이다. 부자 중에 경제에 둔감한 사람은 거의 없다. 말로는 잘 모른다고 해도 항

상 귀를 열어 놓는 사람들이 대부분이다. 항상 인플레이션 이상
의 수익을 내려면 경제흐름을 이해하고 남보다 앞서 투자를 해
야 하기 때문이다. 이들은 2004년도에 펀드투자를 선도해서
2006~2007년도에 펀드열풍이 한창일 때 빠져나와 엄청난 수익
을 거두고, 2009년도에는 '랩어카운트'라는 새로운 투자를 선도
해서 10~11년도에 꽤 수익을 거두었다. 항상 트렌드의 선두에
서서 수익을 남겼고, 대중은 트렌드의 끄트머리에 서서 눈물을 남
겼다.

또한 부자들은 경제 트렌드를 빨리 읽어 내기 위해 다양한 인
맥을 보유하고 있다. 은행PB, 증권사 상담사, 투자자 등과 중요한
투자정보를 주고받으며 남보다 앞서 투자할 수 있는 정보망을 구
축한다. 우리도 지금이라도 이런 정보망을 구축할 수 있도록 항상
노력해야 한다. 경제신문과 경제주간지를 읽으면서 경제 트렌드
를 읽을 줄 아는 사람이 되어야 한다. 정 안되면 경제TV채널을 틀
어 놓고 자면서 잠결에라도 들어라. 조금만 노력하면 충분히 어느
정도는 경제흐름을 읽을 수 있게 되니 귀차니즘을 버리고 바로 실
천으로 옮기기 바란다.

# 부자가 되려면 인플레이션을 이겨야 한다

이와 같이 재테크의 기본은 인플레이션, 즉 물가상승률보다 투자 수익이 높으면 되는 것이다. 물가상승률이 높게 잡아 약 5% 정도이므로 5% 이상 이자를 주는 투자상품을 찾거나 직접투자로 5% 이상 수익을 내면 된다. 연평균 수익률 30%를 자랑하는 세계 2위 부자 워렌 버핏이 "일반인이 꾸준히 연 10% 이상 수익을 내기는 어렵다"라고 말했듯 원금을 지키면서 고수익을 이룬다는 건 정말 어려운 일이다.

그렇다면 원금을 보장받으면서 5% 이상 이자를 주는 곳은 어디일까? 저축은행 예금, ELS 또는 채권 정도다. 한때 떠들썩했던 저축은행 예금은 5,000만 원까지는 국가에서 보장을 해 주므로

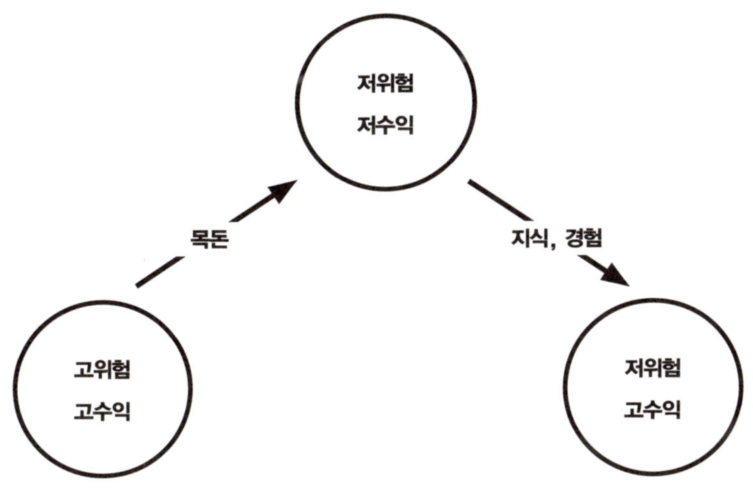


금리조건만 좋다면 투자해도 나쁘지 않다. ELS의 경우 증시지수나 특정기업 주가가 6개월 또는 1년간 큰 변동이 없을 경우 또는 목표치에 도달할 경우 연 10~15%의 이자를 주고, 그렇지 못할 경우 이자는 날아가고 원금만 돌려준다. 원금을 보존하면서 고수익을 기대해볼 수 있으니 한 번쯤 해볼 만하다. 채권도 원금손실 가능성이 낮고 종류에 따라 5% 이상의 수익이 가능하니 나쁘지 않다. 직접투자의 경우 수익형 부동산에 투자해서 대출이자, 수수료, 도배비 등을 다 빼고도 연 5% 이상 수익이 난다면 투자해도 좋다. 월세는 계속 오르니까.

원금 손실을 감수하더라도 고수익을 주는 상품들을 찾아보자.

주식, 선물, 옵션, 펀드, 부동산, 후순위채권, FX마진거래, 소액대출 등 수많은 상품들이 대중들을 유혹한다. 그냥 무대뽀로 돈을 들고 뛰어들면 한두 번은 요행으로 벌 수 있지만 결국은 큰 손해를 보고 돌아온다. 묻지마 투자로 꾸준히 벌었다는 사람은 한 명도 없다. 하지만 저위험·저수익으로는 부자 반열에 올라갈 수가 없다. 고위험·고수익을 '저위험·고수익'으로 바꿔야 부자가 될 수 있다. 위험을 최소화하려면 그 분야의 전문적인 지식과 경험을 갖춰야 한다. 경제신문, 서적 등을 읽어야 경제를 알게 된다. 주식을 하려면 주식공부를 해야 하고, 경매를 하려면 경매공부를 해야 한다. 어느 정도의 지식이 쌓이면 적은 액수로 투자를 하면서 실전경험을 쌓아야 위험을 최소화할 수 있다. 그 후에 본격적으로 투자를 해야 손실을 입지 않는다.

# 나는 왜 죽어도 돈을 못 모으는 걸까

주변의 친구들과 자신의 경제생활을 떠올려 보라. 다들 비슷한 소비생활을 하고 있을 것이다. 남들이 사는 대로 수준을 맞추다 보면 목돈을 만들 돈이 없다. 재테크는, 슬프지만 자연스럽게 안드로메다 이야기가 되어버리고…… 결국 결혼할 때가 되면 집이 좀 사는 사람은 부모님이 해 준 돈으로 결혼식을 치르겠지만 그렇지 않은 사람은 전셋집 구하기도 벅차다.

결혼하고 나면 달라질까? 결혼하고 나면 돈을 모으기가 더 어려워진다. 집 사고, 주택대출 갚아야 하고, 그리고 또 사랑스러운 아이들이 태어나면 돈은 마치 알코올처럼 날아가버린다. 아이 낳아 기르고 가르치느라 돈이 예전보다 더 나가다 보면 점점 노후가 두려워진다. 모아 둔 종자돈이 없고 돈이 생기면 항상 쓸 일이 생긴다. 결국 노후는 잘해야 살고 있는 집 한 채 남긴 채, 연금만 바라보고 살거나 퇴직금으로 가게 차려서 살거나 다시 일자리를 알아보는 그런 삶이 될 것이다.

이것이 여러분의 미래이며 지금까지 대다수의 직장인들의 일생이다. 끔찍하지만 지금이라도 준비해서 반드시 그렇게 살지 않길 바란다.

합리적인 소비를 하라는 말이지 자린고비가 되란 것이 절대 아니니 오해하지 않길 바란다. 하지만 남들과 소비 수준을 맞추어서는 부자가 되기는커녕 노후도 보장할 수가 없다. 선진국들도 연금 적자와 고갈가능성 문제로 골머리를 앓고 있는데 내 노후는 누가 보장해 줄 수 있을까? 내 미래를 위해서 소비습관을 조절해서 항상 흑자가 나게 해 저축을 하고 목돈을 모아야 한다. 처음에는 힘들어도 시간이 지나면서 돈 모이는 속도가 빨라지는 재미에 폭 빠지게 될 것이다.

직종에 따라 천차만별이지만 초임은 일반적으로 한 달에 150~200만 원 정도다. 그럼 여기서 얼마나 저축을 해야 할까? 결론부터 말하면 최소 50만 원 이상은 저축을 해야 한다. 한 달에 100만 원씩 모으는 사람도 주변에 꼭 한 명 정도는 찾아볼 수 있다. 지인 한 명은 월급이 127만 원인데 그중 120만 원을 저축했다. 그동안 짠돌이라며 놀림을 받았겠지만 그는 저축이 부자를 만드는 가장 소중한 원천이라는 것을 알고 있었다. 저축으로 목돈을 빨리 모으고 투자할 때도 꾸준한 현금유입으로 분할매수를 가능하게 하고, 나중에 어느 정도 부를 형성한 후에도 저축이 하나의 파이프라인으로서 훌륭한 돈줄 역할을 한다. 하지만 저축만 한다고 다는 아니다.

중요한 것은 저축액이 얼마냐에 따라서 부자가 되는 속도가 결정된다는 것이다. 1%의 수익률 증가보다 저축액을 더 늘리는 것이 더 현명한 방법이다. 월 10만 원을 저축하는 사람보다 월 100만 원을 저축하는 사람이 돈을 10배나 빨리 모을 것은 당연하다. 최소 300만 원은 되어야 뭐라도 투자를 해서 수익을 체감할 수가 있다. 월 10만 원으로 목돈 300만 원을 만들려면 30개월이 걸리지만 월 100만 원씩 저축하면 3개월이 걸린다. 그렇기에 한 달에 10만 원씩 저축하는 것으로는 아무리 재테크의 천재라고 해도 노후에 대비할 자금조차 마련할 수가 없다. 월 50만 원은 되어야 최소한의 노후를 준비할 수 있다.

또 하나의 사실! 소득과 저축액은 비례하지 않는다는 것이다. 보통 소득이 높으면 저축액도 높을 거라 생각하지만 저축액은 그대로이고 지출만 커지는 경우가 대부분이다. 소득이 올라간다고 생활수준을 높이다 보면 큰 집에, 고급 가전과 가구에, 고급승용

차에, 저축액이 늘어날 틈이 없다. 물론 그렇지 않은 사람들도 있지만 남들보다 소비를 줄이고 저축을 늘리는 습관을 기른다는 것이 어려운 것은 사실이다.

노후를 대비하려면 월급이 오를 때마다 저축액도 늘어나야 한다. 그래야 지출은 그대로 유지하면서 물가상승분만큼 저축을 늘릴 수가 있다. 10년 뒤의 50만 원은 지금의 50만 원 가치가 아니기 때문이다. 저축을 많이 해서 손해 볼 건 없지 않는가? 모을 수 있을 때 많이 모으자.

# 재테크보다
# 먼저 알아야 할 것들

## Episode 2

“자기야, 영화에서는 왜 항상 미국이 이길까?”

“당연히 미국이 이겨야지. 미국영화잖아.”

민구 씨는 여자친구와 영화를 보고 나오는 길이다. 데이트 비용이 만만치 않지만 그래도 국민 공통 데이트 코스인 영화관을 건너뛰기는 어렵다. 취업준비하기 전부터 4년을 넘게 사귀어 온 여자친구 은정 씨. 어느덧 슬쩍 결혼을 생각해보기도 하는 민구 씨지만 아직도 먼 미래의 일처럼 까마득하다. 집 전세 값은 모아야 하는데 큰일이다.

조금 있으면 김 교수와의 약속시간이다. 민구 씨는 김 교수를 만나러 가는 지하철 안에서 전에 김 교수가 해 준 조언이 생각나 스마트폰으로 경제뉴스를 읽었다.

"자네 '적을 알고 나를 알아야 이긴다'라는 말 기억하는가? 재테크를 성공하려면 진심으로 많은 공부가 필요하다네. 겁먹을 건 없어. 관심만 있으면 어려울 내용은 하나도 없다네. 단지 기본 지식을 갖추고 꾸준히 관심을 갖는 것이 포인트야. 잘못된 투자를 하다가 재산을 탕진한 사람들, 가정이 파탄난 사람들, 스스로 목숨을 끊는 사람들을 주변에서 너무도 많이 보았기 때문에 기본에 충실하자는 원칙을 세웠지. 이들은 주워들은 얕은 지식으로 또는 그런 지식조차 없이 묻지마 투자를 했다든가 아니면 자만심과 욕심을 이기지 못하고 기본에서 벗어나는 투자를 한 경우가 대부분이지. 조금 돌아가더라도 천천히 기본부터 쌓고 가야 해."

"그건 알지요……. 그러면 경제학 책이라도 사서 공부해야 한단 말이에요?"

"그것도 좋지만 쉽지 않겠지? 기본 지식을 쌓으려면 우선 준비할 것들이 있어. 경제신문과 경제TV, 이 두 가지는 꼭 챙겨서 보게. 처음에는 무슨 소리인지 이해가 안 가고 재미없고 어렵겠지만, 참고 봐야 해. 관심을 갖고 보다 보면 1년 뒤에는 대부분을 이해할 수 있어. 영어단어를 알아야 영어시험을 칠 수 있는 것과 같지."

김 교수의 말은 하나하나 기본기를 강조하고 있었다. 민구 씨는 어느덧 자연스럽게 경제에 대한 기초 지식을 익혀가고 있었다. 재테크를 하려면 그 분야뿐만 아니라 세계경제까지 알아야 한다.

"교수님 안녕하셨습니까?"

"그래, 여자친구 잘 만나고 왔나? 요즘 데이트하는 데 돈 많이 들지?"

"네, 뭐, 데이트도 그렇지만 결혼자금 마련하기가 쉽지 않네요."

결혼자금 생각에 민구 씨는 다시 갑갑해졌다.

"허허…… 그래도 요즘은 더치페이 문화가 확산되고 있잖아."

"아니에요. 그래도 남자들 지갑에서 돈이 많이 나간다구요. 교수님 미국 대학생들은 어떤가요?"

"미국도 비슷하지. 하지만 미국 문화와 우리 문화를 단지 돈 내는 것으로만 단순비교하기는 어렵네. 자네 재테크 공부 시작하더니 다른 나라의 상황도 궁금해하는구만? 아주 좋아."

김 교수는 흐뭇한 표정으로 말을 이어갔다.

"자네에게 오늘은 세계경제에 대해 설명해 주겠네."

"세계경제요?"

민구 씨는 머리가 아파 온다는 표정을 지었다. 세계경제라 하니 뭔가 대단히 어렵게 느껴진다.

"자네 표정 보니 부담스럽나 보군. 자네는 경제학자가 아니니 다른 나라 경제에 대해 세심하게 알 필요는 없어. 물론 자세하게 알면 좋지만 어렵지 않겠는가? 그렇다고 해서 재테크하겠다는 사람이 세계경제를 무시하면 절대 안 되네."

"네 알겠습니다. 교수님."

"세계경제는 국제정치와 이슈에 따라 영향을 받게 되지. 세계경제의 대략적인 흐름을 알아보자고. 공부가 아니고 흐름, 흐름에 관심을 가지고 느끼면 되는 거네. 잘 들어 보게."

민구 씨는 스마트폰을 꺼내 메모를 시작했다.

"세계경제는 사람의 몸처럼 유기적으로 연결되어 있지. 어느 한 부분이 아프면 전체가 영향을 받아요. 어느 한 부분이 천천히 나빠질 수도 있고 갑자기 나빠질 수도 있는데 이에 따라 전체가 다 나빠지는 경우도 있지."

"이를테면 서브프라임 사태처럼요?"

"옳지 그렇지! 서브프라임 사태로 미국 은행 한 두 개가 파산한 것뿐인데 세계경제가 큰 타격을 받은 일을 기억하는구만? 예전과 다르게 현대는 빠른 속도로 돈이 돌고 서로 물려 있기 때문에, 순간적으로 피가 흐르지 못하고 막혔을 뿐이어도 사람이 쓰러지듯 세계경제도 똑같이 병들고 만다네. 어느 한 부분만 공부해서는 소용이 없어. 전체의 흐름을 같이 이해해야 해."

민구 씨는 서브프라임 사태에 대해 단지 이름만 들어 봤을 뿐이었다. 민구 씨는 부끄러웠다.

"세계경제의 큰 축은 미국, 중국, 일본, EU로 압축할 수 있어. 그 외 한국을 포함한 아시아, 중동, 남미, 아프리카 등을 이머징 마켓(emerging market)이라고 부르지"

"이머징 마켓이요?"

"응. 선진국이 그들의 물건을 팔 수 있는 더 넓은 수요처 같은 개념으로 시작되었지만 이제는 가파르게 성장하고 있는 시장들을 이머징 마켓이라고 부르지. 어쨌든 큰 축들과 작은 축들로 세계경제가 구성되는데 축구에서 주축이 되는 선수들이 다치거나 나오지 못하면 다른 선수들이 다쳐서 못 나올 때보다 팀 전력이 크게 타격을 받는 것처럼 핵심 국가들을 잘 지켜볼 필요가 있다네."

"교수님, 이제는 어느 나라에 전쟁이 나고 어떤 일이 발생하는지 꼭 살펴봐야겠군요."

"그렇지. 꼭 재테크 때문이 아니더라도, 그건 상식이 아닌가! 상식!"

김 교수의 설명을 들으며 민구 씨는 마치 새로운 세계에 온 느낌이 들었다.

"이제는 돈이라는 것에 대해 알아볼까? 돈에 대한 가장 정확한 표현은 '돈은 돌고 돈다'라네. 돈은 계속 회전하면서 경제를 호황 또는 불황으로 만들어버리지. 돈은 마치 피와 같아서 돈이 잘 돌면 경제가 살아나고 수요가 늘면서 공급도 같이 늘어나지. 그 덕에 일자리가 늘면 수요는 더 많아지고, 그러면 공급을 늘리게 되고 다시 일자리가 늘고…… 이렇게 선순환이 되지. 선순환만 계속되면 얼마나 좋을까만은 사람의 일이 어디 좋기만 하겠는가?"

"그러면 어떻게 안 좋아지는 거죠?"

"경제가 과열되고 인플레이션이 발생하면 물가안정을 위해 국가는 금리인상을 해서 브레이크를 걸지. 물가가 급등하면 서민층에 고통이 가중되고 민심이 흉흉해지거든. 실제로 물가상승이 평년보다 심했던 시기에는 폭동이 일어난 경우가 많았지."

"그러면 국가에서는 어쩔 수 없이 안정을 시켜야 하겠군요?"

"그렇지. 국가에서는 경제성장보다도 물가안정에 무게를 둘 수밖에 없어. 금리가 올라가면 서민과 기업이 이자 부담이 커져서 씀씀이도 줄고 투자도 줄고 공급도 줄고 일자리도 줄고, 그럼 또 씀씀이가 줄고 공급이 줄고 일자리가 주는 악순환이 계속 반복돼. 경제가 너무 침체되면 세금도 줄고 실직자가 늘기에 다시 금리를 내리게 되지. 이렇게 금리가 올랐다 내렸다 하면서 경제성장 속도를 조절하고 있다네."

"아! 그렇군요. 국가가 어쩔 수 없이 개입한다는 말씀이네요"

"하지만 한 국가만 단독으로 이렇게 한다기보다는 세계적으로 금리를 올리고 내리는 추세는 거의 비슷해. 글로벌 시대니까 경제도 거의 세계가 한몸이라고 봐야 맞아."

# 세계경제의 흐름, 기본은 알자

  '세계'라는 말이 붙었을 뿐이지 세계경제는 사실 미국(달러), EU(유로), 중국(위안), 일본(엔), 이 4곳의 경제가 움직이고 있다고 보면 된다. 여기에 중동의 부자 국가들과 급성장하고 있는 아시아 국가들 정도가 추가적으로 세계경제의 흐름에 영향을 끼치고 있다.

  세계경제에서 가장 힘이 센 나라는 미국이다. 군사, 기술, 정치, 금융, 자본 등 전 분야에 있어서 압도적인 힘을 자랑한다. 이 때문에 미국 돈을 세계 표준통화로 쓰고 있는 것이기도 하다. 하지만 그 힘이 예전만 못하다. 서브프라임 사태로 잠시 흔들리는 사이 중국이라는 2인자가 너무 커버렸고, 엄청난 소비력과 국방력 유지를 위해 천문학적인 돈을 쓰다 보니 빚이 너무 많아졌다. 그럼에도 불구하고 아직 세계 1위 국가라는 명성을 유지할 수 있는 것은 달러를 찍어낼 수 있는 유일한 국가이고 이 달러를 사 주는 다른 나라들이 있기 때문이다. 그러나 달러 단골고객인 일본이나 중국이 "나 이제 달러 안 살래요. 다른 걸로 바꿔 갈게요"라고 하는 순간 미국경제는 추락할 수도 있는 상황이다. 단지 미국이 망하면 자국에 이득될 것이 없기에 암묵적인 합의하에 경제체제가 유지되고 있는 것뿐이다. 그렇다고 해도 서브프라임 문제를 해결하기 위해 너무도 많은 달러를 풀었고, 그 후유증은 몇 년 뒤에 나타날 수밖에 없다. 서브프라임 사태 이후로 금값이 계속 꾸준히 올랐던 것도 기축통화로서의 달러의 지위가 많이 흔들리고 있다는 신호 중 하나였다.

세계경제 2위 국가는 중국이다. 불과 20년 전만 해도 자국 제품 품질에 대해 무시를 받았던 중국이 이제는 미국을 넘볼 정도로 커버렸다. 전 세계의 공장이 되어 무서운 속도로 발달하면서 경제도 급성장하고 있다. 그 덕에 중국에 수출을 하는 우리 기업들이 크게 호황을 누리면서 한국도 덩달아 높은 경제성장을 이룰 수 있었다. 2000년대 중반 중국펀드가 엄청난 수익을 안겨 주고 KOSPI 지수가 2000을 넘기도 했다. 하지만 중국이 너무 커버린 탓에 엄청난 원자재 소비로 인해 석유와 원자재 가격이 오르고 있고 중국의 기술력이 한국 기업과 격차가 많이 줄어 우리 기업들이 설 자리가 점차 좁아지고 있다. 무서운 속도로 성장하고 있기에 언젠가는 1인자의 자리를 차지하게 될 거라고 예상되고 있다. 그때가 오면 기축통화는 달러에서 위안화로 바뀔지도 모른다.

셋째는 EU다. 유럽의 각각의 강국들만 해도 경제적 위력이 상당한데 그들이 대형로봇으로 합체를 해버렸다. 중국이 이 정도로 세지기 전까지는 미국에 대항할 수 있는 유일한 대안이었다. 상당한 기술력으로 돈을 벌고 있지만 성장은 거의 멈추고 급격히 노화하고 있다. 신 성장동력을 찾고는 있지만 현재로서는 성장성이 없다. EU의 큰 장점이자 단점은 합체를 했다는 것이다. 배 여러 대를 합체하면 적게 흔들려서 멀미는 덜하지만 배 하나에 불이 붙으면 전체가 다 타버리듯이 여러 국가를 통합시켜 큰 경제적 이득을 얻었지만 반대로 그리스, 이탈리아, 스페인 등 일부 국가들의 경제가 타격을 받자 프랑스, 독일 등 우량국가들도 비틀거리는 구조다.

주요 세계경제 중 막내는 일본이다. 한때 일본의 경제는 정말 대단했었다. 지금도 엄청난 영향력을 행사하고는 있지만 중국에게 그 자리를 많이 빼앗겼다. 그래도 여전히 수십 년간 무역과 수출로 번 막대한 돈을 보유하고 있다. IT, 자동차, 조선, 철강, 부품, 기계 산업 등에서 세계 정상을 달리고 있고, 로봇기술도 가장 앞서고 있어서 또 다른 센세이션을 불러일으킬 수 있는 가능성이 있다. 그런데 주력 수출 분야가 한국, 중국과 비슷하기에 이 세 나라가 살아남으려고 치열하게 경쟁 중이다. 꾸준히 뉴스를 보면서 이 부분을 잘 체크해야 한다. 일본은 금리가 아주 낮은 걸로 유명한데, 이 때문에 저축을 해도 이자가 거의 없어 물가상승을 고려하면 손해에 가까울 정도다. 그래서 국민들이 이자를 낼 수 있는 곳에 투자를 많이 하고 있다. 글로벌 자본들도 저금리인 일본에서 돈을 빌려서 고수익을 낼 수 있는 상품들에 투자를 주로 하는데 이것을 앤케리 트레이드라고 한다. 가끔 뉴스에서 들어본 적이 있을 것이다. 요새는 달러이자도 꽤 낮아진 상태라 앤케리 비중이 많이 줄어들었지만 달러금리가 다시 오르거나 엔화가치에 변화가 온다면 엔케리 트레이드가 다시 글로벌 경제에 큰 영향을 끼칠 것이다.

세계경제에 영향을 끼치는 것으로는 유가, 원자재, 주식, 부동산, 채권 등이 있다. 채권을 제외한 이들의 공통점은 위험자산이라는 것. 경제가 호황일 때는 고수익을 내지만 불황일 때는 큰 손실을 낸다는 것. 경제가 호황일 때는 인플레이션이 발생하면서 전체적으로 자산을 불린다는 것. 딱 한 번 물가는 상승하지 않으면서 경제는 초호황을 누리던 적이 있었다. 중국이 한창 성장할 때, 저임금을 바탕으로 저가 공산품이 전 세계로 쏟아지면서 물가상승을 눌렀다. 또한 중국의 개발과 글로벌 기업의 중국이전으로 대공사들이 줄을 이으면서 기업들이 호황을 누리며 유가, 증시, 부동산 등 위험자산들이 큰 폭으로 상승했었다. 그러다 글로벌 금융위기로 경제가 큰 침체를 겪었고, 위험자산에 투자했다가 쪽박 찬 사람들도 꽤 있었다. 그때 펀드에 투자했다가 손해 본 사람들을 주변에서 여럿 보았을 것이다. 이렇게 세계경제는 호황과 불황을 반복한다. 그런데 여기에는 큰 비밀이 있다. 바로 글로벌 세력의 존재다.

동네 시골에도 돈 좀 갖고 노시는 큰손들이 있기 마련인데 세상을 움직이는 큰손들이 과연 없을까? 세상에 알려진 큰손들은 대형 글로벌 투자은행, 헤지펀드, 중동 국부펀드 정도가 있다. 이들은 주식, 부동산, 원자재, 유가 등 돈이 되는 것에는 가리지 않고 투자한다. 이들의 자본이 얼마나 막대하냐면 세계경제를 자신이 원하는 방향으로 바꿀 수도 있다. 원하는 대로 경제를 침체기로,

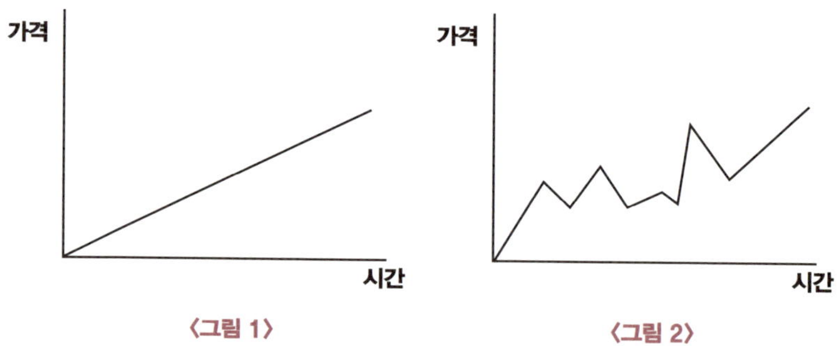

또 호황기로 왔다갔다하게 하면서 막대한 수익을 낸다.

이들이 이렇게 하는 이유를 알아보자. 경제신문 몇 년 치 헤드라인만 읽어 보아도 경제전망이 이랬다가 저랬다가 하는 것을 알 수 있을 것이다. 세계경제는 시간이 지날수록 조금씩 꾸준히 상승하지만 세력들은 그림 1보다는 그림 2처럼 자산 가격을 출렁이게 해야 더 큰 이익을 얻을 수 있다. 최근에는 그 이익을 극대화하기 위해 이 주기를 더 짧게 하고 있다.

그런데 이 사실을 안다 해도 인간은 공포심 때문에 불황 때 사고 호황 때 파는 매매를 하기가 쉽지 않은 것이 사실이다. 모든 이가 한 방향으로 도망치는데 혼자 역주행할 수 있는 용기를 가진 사람은 거의 없다. 그러니 알면서도 당할 수밖에…… 하지만 이 공포를 이겨내야만 재테크의 꿈을 이룰 수가 있다.

세계경제라는 것이 너무 방대하다 보니 식상한 내용은 다 빼고 가장 간단하고 쉬우면서 딱 필요한 내용만 간추리려 해도 역시 길긴 길다. 그래도 최대한 쉽고 짧게 설명한 것이니 이 정도는 꼭 이해해 주길 바란다. 경제에 대한 해석과 주장은 다양해서 아직 어떤 것이 정확한 답이라고 할 수 있는 것이 없다. 경제는 살아 있는 동물이기 때문이다. 과학법칙처럼 만고불변의 진리는 없다는 것이다. 즉, 어떤 상황에는 반드시 이렇게 된다는 법칙은 경제에서는 존재하지 않는다.

# 돈의 유동성과 방향을 예측하자

돈이 돌고 도는 것을 유동성이라고 한다. 물이 흐르는 데는 하나의 큰 원칙이 있다. 높은 곳에서 낮은 곳으로 흐른다. 그러나 유동성은 그 반대다. 저수익에서 고수익으로 쏠린다. 또는 손실이 나는 곳을 피해 안전한 곳으로 피하려 한다. 제로에 가까운 금리인 일본에서 돈을 빌려 고수익을 주는 이머징 마켓 국가 자산에 투자하는 앤케리 트레이드도 이런 현상으로 볼 수 있다. 반대로 글로벌 금융위기로 이머징 마켓에 투자한 돈이 손실을 입자 안정적인 예금, 채권 또는 금으로 쏠리는 현상이 있었고, 다시 경제가 살아나자 예금, 채권 등에 안전하게 보관되었던 돈이 다시 원자재, 유가, 증시 등으로 몰렸다. 돈이 이쪽으로 쏠렸다 저쪽으로 쏠렸다 하는데, 고수익으로, 안전한 곳으로 쏠린다. 이것만 잘 알면 돈이 보일 것이다. 이런 흐름을 알더라도 특정 부문으로 돈이 쏠리기 전 또는 초기에 투자하지 못하고 뒤늦게 뛰어들면 손해만 입게 된다. 소위 끝물이라고 하는 한창 시기에 투자했다가 크게 낭패를 볼 수도 있으니 유의해야 한다.

이런 유동성의 흐름은 정말 여러 방면의 자료와 정보를 바탕으로 종합해서 파악해야 하는 것이기 때문에 이러한 정보를 주고받을 수 있는 네트워크를 형성해 놓는 것이 좋다. 실제로 부자들은 이런 고급 네트워크를 가지고 있다. 소수 몇 명이서 거액의 돈을 들여 금융분석가를 초대해 분석을 하기도 하고, 더 이상 부가 필요없어 보이는 몇몇 재벌들도 꾸준히 전문가들을 고액의 자문료를 주고 깍듯이 대우하면서 재테크에 대한 고급정보를 들으며 이런 흐름을 놓치지 않고 있다.

우리야 그 정도까지는 할 수는 없지만 은행갈 때마다 그냥 업무만 보지 말고, 이런 저런 투자상담을 받아보면서 내공이 있는 사람들을 잘 사귀어 놓는 것이 좋다. 좋은 추천을 해 주는 사람들을 잘 만나서 경제흐름에 대해서 조언듣기를 게을리하지 않는다면 그에 못지않은 훌륭한 네트워크를 가졌다고 할 수 있다. 요새는 인터넷 모임으로도 이런 네트워크가 활성화되어 있으니 본인의 성향에 잘 맞는 모임에 가입하는 것도 좋은 아이디어다. 이렇게 조언을 주고받다 보면 심리적으로도 안정이 되고 내가 놓친 부분도 알 수 있어서 좋다. 실제로 어떤 모임에서 PC방을 운영 중인 분께 고급정보를 듣고 나서 게임회사에 투자했다가 큰 수익을 얻은 적도 있었다. 그러나 가장 중요한 것은 공부! 내가 어느 정도 알아야 잘못된 정보인지 아닌지 구분할 수 있기에 항상 경제공부하는 것을 게을리하지 말아야 한다.

# 코스톨라니 모형을 가슴에 새기자

코스톨라니 모형은 귀여운 달걀모양이라 달걀모형이라고도 불리고 있다. 나는 이 달걀님을 지갑 속 신분증 꽂는 곳에 꽂아 두고 지갑을 열 때마다 보면서 가슴에 새기고 있다. 재테크의 핵심으로, 너무도 중요하니 절대 잊지 말았으면 좋겠다.

앞에서 말한 세계경제와 유동성 이야기의 결론은 금리를 조절함으로써 경제성장 속도를 조절한다는 것이다. 결국은 금리가 핵심인데 코스톨라니 모형은 금리의 수준에 따라 적절한 투자대상을 알려주는 모형이다.

그림처럼 코스톨라니 모형은 4단계로 나뉜다. 우선 1단계는 금리가 상승하는 시기다. 경제는 호황이 지속되고 기업들은 돈을 벌

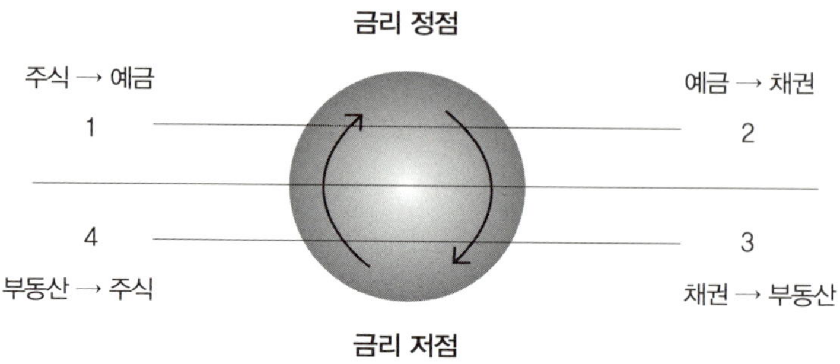



고 일자리도 늘어나고 물가도 인상되는 시기다. 물가가 인상된다? 그럼 국가는 브레이크를 걸어야지 않을까? 급브레이크를 밟으면 다칠 수 있으니 서서히 브레이크를 밟으며 금리를 서서히 올린다. 하지만 금리가 올라 시장에서는 이를 앞으로 경제가 더 좋아질 것이라는 증거로 받아들인다. 증시는 더 활황을 띠고 주변에서 재테크 이야기가 주화제가 되고 증권사로 주식의 '주'자도 모르는 사람들이 돈 싸들고 와서 주식 사 달라고 하는 시기까지 오면 유동성의 끝이 오고 경제 호황도 끝나간다는 신호다. 시중의 돈이 주식시장으로 다 몰려들었는데 더 이상 들어올 돈이 없다는 뜻이다. 그럼 다음은 하락밖에 안 남았다는 의미이기도 하다. 예를 들면 우리나라 2007년이 딱 이랬던 시기였다. 참 난리도 이런 난리가 없었다. 여기저기서 어디에 투자해 얼마를 벌었다는 이야기가 들려왔다. 증시에 투자하든 부동산에 투자하든 다 돈을 벌던 시기였다. 어쨌든 이런 시기는 박수칠 때 떠나야 한다. 주식은 싹 정리하고 예금에 돈을 넣어 두고 곧 있어 닥칠 소나기를 피해 잠시 쉬는 것도 좋다. 이제 '폭탄 돌리기'가 끝나고 갑작스런 악재와 동시에 펑하고 터지면서 위험자산들이 폭락하는 시기가 올 것이 분명하니……

근데 금리가 몇 %가 되어야 꼭지인지 알 방법이 있을까? 상황에 따라 달라지겠지만 내 경우 한국은행이 일반은행에게 돈을 빌려주는 콜금리를 기준으로 4~5% 이상이 되면 주식을 처분하고 예금으로 옮기기 시작한다. 이때는 예금도 꽤 고금리고, 잘 찾아보면 단기 정기예금도 6% 이상 되는 곳도 있다. 기간은 6개월짜리 또는 1년짜리 단기예금이 좋다. 이 시기에는 하루만 맡겨도 이자가 붙는 CMA금리도 꽤 높은 상태일 테니 CMA에 몇 개월 정도 돈을 묶어 두면서 진정세를 지켜보는 것도 좋다.

이제 버블이 터지고 호황은 끝나고 본격적인 침체기로 가는 시기가 왔다. 이때가 코스톨라니 모형 2단계다. 유동성의 법칙 중 하나로 돈은 손실에서 도망쳐서 안전한 수익이 있는 곳으로 달아나는 것이라고 한 말 기억나는가? 주식폭락, 펀드폭락, 부동산폭락 등으로 충격을 먹은 돈은 손실에서 안전한 수익이 나는 안전자산으로 이동을 하게 된다. 이 중 채권과 예금이 대표적인데 이때

는 채권을 추천한다. 채권은 국가채와 회사채가 주류인데 국가채
는 국가가 부도가 나지 않는 이상 돈을 잃을 걱정이 없다. 회사채
는 부도가 날 가능성이 있지만 우량회사들의 채권을 사 두면 비교
적 안전하면서도 국가채보다는 조금 더 높은 금리를 받을 수 있
다. 하지만 금리에 눈이 먼 나머지 경제가 불황으로 가는 시기인
데도 비우량 회사의 채권이나 후순위채 등은 건드리는 일을 하지
않는 것이 좋다. 이 시기는 고수익보다는 안전이 더 중요한 시기
이기 때문이다.

이제 국가는 경제를 살리기 위해서 금리를 계속 내릴 것이다.
채권은 금리가 내릴수록 가격이 비싸진다. 7% 이자를 주는 채권
이 5% 이자를 주는 채권보다는 프리미엄을 더 받는 건 당연하다.
그만큼 금리가 인하될 때마다 고금리 시절에 발행된 채권은 더 높
은 프리미엄을 받으면서 가격이 비싸진다. 이것이 2단계 때 채권
에 돈을 투자하는 이유다. 근데 채권은 기본 거래단위가 너무 크
기에 일반인들 재산으로는 어림도 없다. 이에 대한 대안으로 소액
도 투자가 가능한 채권형 펀드에 투자하는 것을 추천한다. 거치식
과 적립식이 있는데 목돈이 있으면 한번에 예치하는 거치식으로
맡기고, 금리인하 때마다 수익을 내는 것이 좋다. 모은 돈이 없으
면 매달 불입하는 적립식으로 하면서 금리하락기 동안 꾸준히 돈
의 여유가 있을 때마다 들고 가는 것이 좋다. 그리고 채권형 펀드

라고 가리지 않고 가입하지 말고 국채 비중이 높은 것보다 우량기업 회사채를 골고루 사들이는 펀드를 가입하는 것이 수익률 면에서 더 유리하다.

이제 금리도 내릴 만큼 내리고 경제를 살릴 부양책도 다 쓰고 나면 3단계 시기가 온다. 이제 경제가 서서히 살아나고 금리도 서서히 오를 시기만 남았다. 금리가 조금 더 떨어질 수도 있겠지만 신이 아닌 이상 정확한 저점은 찾기 힘들다. 그냥 '이 정도면 충분히 저금리다'라는 시절이 오면 채권형 펀드는 정리하는 것이 좋다. 금리가 내리면 이익이 나지만 금리가 오르면 손실을 준다. 개인적으로 일반적으로 콜금리가 2% 아래로 내려갈 때를 기준으로 삼는다. 이제 채권을 처분한 돈은 어디에 투자해야 할까? 금리가 바닥이라 예금도 그렇고 경제가 최악이라 투자할 만한 곳도 없고…… 잘 생각해보자. 금리가 가장 쌀 때다. 반대로 생각하면 은행이자가 제일 쌀 때다. 이렇게 싼 이자를 활용해서 임대수익을 쭉쭉 뽑아 낸다면? 혹은 이 타이밍을 기회로 내 집 마련을 한다면? 부동산은 주로 담보대출을 받아 투자하니까 금리가 쌀 때는 그 이상의 수익을 낼 수 있다. 시기도 어려운 때라 괜찮은 아파트나 원룸이 보이면 싸게 거두어들일 때다. 그러다 경기가 풀리고 부동산 값이 오르고 나서 되팔면 이익을 거둘 수 있다.

그런데…… 이 부분이 요즘 시대와 한국이라는 곳에서는 좀 안

맞는 부분이 있다. 워낙 한국은 부동산 거품이 심했기 때문에 바닥이라는 것이 와도 부동산 가격은 진짜 바닥이 아닐 수가 있다는 점이다. 일본처럼 10년 넘게 가라앉을 수도 있다. 또한 우리나라는 각종 부동산 투자에 대한 규제가 강한 나라다. 워낙 투기도 심하고 거품도 심하다 보니 이를 규제하기 위해 많은 세금을 붙였다. 그래서 단기간 보유한 뒤 차익실현을 하면 실질적으로는 수중에는 얼마 남지 않을 수도 있다. 또한 이전에도 세계경기의 호황과 불황 주기가 점점 짧아지는 탓에 침체기도 짧아서 부동산 매매에 적합하지 않을 수 있다. 부동산 투자는 몇 년은 보고 홈런을 쳐야 하는 투자지 짧게 안타를 치는 투자가 아니다. 샀다 팔았다 할수록 세금으로 새 나가는 돈도 엄청나다. 가격도 다른 자산에 비해 서서히 가라앉고 서서히 오르는 성격이라 이 짧아진 주기에 부동산 가격이 장단을 맞추기가 어렵다. 그렇다 보니 장기상승 사이클이 아니면 유동성이 부동산은 생략하고 지나갈 수도 있다.

그래서 부동산 투자에 있어서만큼은 차익실현이 아닌 임대수익률만 계산해서 임대주택에 투자하는 것을 권한다. 투자액 대비 임대수익이 10% 이상인 곳을 골라야 주택가격이 떨어져도 손해를 보지 않는다. 임대수익이 이 정도면 이 가격 이하로 떨어질 리도 없고, 나중에 가격이 올라서 차익실현을 할 수 있으면 좋고 아니면 계속 보유하면 된다. 그리고 부동산은 하나의 파이프라인 개

넘으로 일부분만 투자하고 많은 비중을 두지 않는다. 부동산은 현금화하는 데 시간이 좀 걸리기 때문이다. 파는 데 시간이 오래 걸려 다른 투자 타이밍을 놓칠 수가 있다. 일부는 분산투자 차원에서 임대수익에 투자하고 나머지는 곧바로 4단계로 넘어가자. 이단계는 주식도 싸기에 천천히 알짜기업, 우량기업 주식을 쇼핑하듯이 사들이면 된다.

이제 4단계, 저금리와 경기부양책이 서서히 효과를 보며 경제가 살아나는 시기다. 불꽃 같던 여름이 가고, 가을이 가고, 혹독한 겨울이 지나고, 다시 봄이 왔으니 씨를 뿌리고 땅을 갈아엎어 큰 수확을 준비하자. 부동산으로 차익실현이 가능하면 현금으로 바꾸고 가지고 있던 현금과 합쳐 우량주를 싸게 사들이는 시기다. 외국인 투자자들은, 예를 들어 삼성전자, POSCO, 현대차, 국민은행, 대림산업, 현대건설, 현대중공업, SK이노베이션, LG화학 등 업종 대표주를 좋아하므로 가능성이 있는 업종 대표주 또는 우량주들을 모아 두자. 자신이 없으면 주식형 펀드에 가입하는 것도 괜찮은 생각이다. 이렇게 봄에 부지런히 준비하면 다시 불꽃 같은 여름이 온다.

코스톨라니 모형은 간단하면서도 정말 중요한 이치를 깨닫게 하는 것 같다. 이 코스톨라니 모형을 잊어버리지 않도록 자주 볼 수 있는 위치에 넣어 두고 그 원리를 가슴에 새겼으면 한다.

# 환율에 따라 세상이 바뀐다

환율에 대해서는 다들 잘 안다. 해외여행 한번 갔다 오면 환율을 몸으로 느끼고 돌아와서 그런가 보다. 2008년에 일본으로 여행을 갔는데 그 당시 환율이 100엔당 약 900원 정도라 일본 물가와 한국 물가의 차이를 별로 느끼지 못했다. 덕분에 적은 돈으로도 이것저것 신기한 음식들은 다 먹을 수 있었다. 근데 요새는 100엔당 1,300원 정도니 지금 가면 아마 값싼 우동만 먹어야 할 것 같다. 이런 환율 덕에 여행객이 특정 국가로 쏠리기도 하고 명품 쇼핑하러 돈 싸들고 가기도 하는 사례가 종종 TV에 나온다.

환율이 이렇게 사소한 개인 여행에도 큰 영향을 미치는데 한 나라의 경제에 미치는 영향은 얼마나 클까? 기본적으로 환율이 오르면 수출기업이 유리하다. 똑같은 1달러를 벌어 와도 더 많은 국내 돈으로 바꿔 주니 완전 '땡큐'다. 그만큼 늘어난 이익이 경제성장에 반영이 된다. 그에 반해 부작용도 있다. 수입기업은 그만큼 불리하다. 1달러 치 물건을 사는 데 더 많은 돈이 든다. 원유 및 원자재 수입가격도 오르다 보니 물가상승 부담이 생긴다. 그런 까닭에 국가경제가 안 좋아 수출에 힘을 실어 주어야 하는 경우가 아니면 고환율을 언제까지나 유지할 수는 없다. 반대로 환율이 내리는 경우에는 수입업체가 유리하다. 물가도 안정이 되고 해외여행도 많아져서 여행업체와 항공업체의 이익이 는다. 반면 수출업체는 가격경쟁력에서 밀려 이익이 줄고 수출중심인 우리나라의 경제성장률도 낮아진다.

지금까지 말한 것은 사회교과서 수준 정도고, 재테크와 관련 있는 환율을 공부해보자. 주가지수와 환율의 관계를 한번 볼까? 보통 지수가 상승하면 환율은 내려간다. 지수가 크게 상승하는 날은 환율도 크게 내려가고, 지수가 하락할 때는 대개 환율이 상승한다. 항상 그렇지는 않지만 외국인 투자자들 때문에 이런 일이 발생한다. 외국 돈이 유입되어 증시가 오를 때는 환율이 내리고, 외국 돈이 빠져나가 증시가 내릴 때는 환율이 상승한다. 또 다른 사실 하나! 증시가 오르지 않아도 외국인들은 환율만으로도 이익을 낼 수가 있다. 환율이 높을 때 주식을 샀다가 환율이 낮을 때 되팔면 주가가 그대로여도 이익을 낼 수가 있다. 그렇기 때문에 외국인들을 따라 주식을 사고판다고 해도 같은 수익률을 내는 것이 아니다. 반대로 환율이 낮을 때 해외펀드에 투자했다가 환율이 올랐을 때 펀드를 해지하면 펀드수익이 별로여도 이익을 얻을 수 있다.

결론적으로 환율을 계산하지 않고 무작정 투자했다가는 큰 낭패를 볼 수 있다는 것이다. 개인적으로 생각하는 이상적인 적정환율은 1100~1200원/$다. 적당한 균형이 잡혀야 경제성장과 물가안정을 꾀할 수 있다.

이제 기본 지식은 여기까지! 어려운 말들이 나와서 머리 좀 아프겠지만 한 번 더 읽어보면 무슨 말인지 이해할 것이다. 기본 중에 기본인 내용이니 꼭 알아 두었으면 좋겠다.

# 지금 모은 돈이
# 당신의 미래를 결정한다

"어디야? 다 왔어?"

"어, 다 왔어. 바로 앞이야."

오늘은 직장동료 미스 김의 결혼식이다. 평소 잘 웃고 사교성이 많은 성격이어서 그런지 유달리 많은 축하객들이 온 듯하다. 수많은 하객들로 뒤엉켜 발 디딜 틈이 없었다.

"신부 얼굴 봤어? 같이 사진 찍으러 가자."

"에이, 신부 정신없을 텐데 사진은 무슨…… 그냥 인사만 하고 밥 먹으러 가, 얼른."

"신랑 보니까 잘생겼네? 미스 김, 봉 잡은 거야, 봉."

"신랑 집안에 재산이랑 땅이 좀 많대. 그래서 강남에 아파트도 떡 하니 사고……."

　민구 씨는 왠지 모르게 마음이 무거워짐을 느꼈다. 지금 민구 씨 형편에는 결혼은커녕 번듯한 차 한 대 마련하기도 힘든 게 사실이다. 이곳저곳 돈이 나갈 곳이 많아서 겨우 쥐꼬리만 한 돈을 모을 뿐이었다.

　그날 저녁 민구 씨와 만난 김 교수는 오늘따라 민구 씨의 표정이 어두움을 느꼈다.

　"자네 오늘 무슨 일 있나? 결혼식 다녀왔다면서?"

　김 교수의 질문에 민구 씨는 한숨을 푹 쉬며 말했다.

　"교수님 결혼 언제 하셨나요?"

　김 교수는 갑작스러운 민구 씨의 질문에 어이없다는 표정을 지었다.

　"음, 결혼? 하하 나는 빨리 했어. 공부할 게 많은데 빨리 마누라가 있어야 공부가 더 잘될 거 같아서 말일세."

　"그런데 집은 어떻게 구하셨어요? 교수님 집안도 넉넉한 편은 아니었다면서요?"

　"흠, 우리 때는 말일세…… 그냥 단칸방에서 시작했어. 둘이 그냥 잠만 잘 수 있는 그런 곳에서 말이야. 그때는 하나하나 세간을 바꾸어 나가고 집도 한 평 두 평 큰 집으로 이사다니는 게 행복이었지."

　김 교수는 추억에 잠긴 표정으로 말했다.

　"교수님, 하지만 지금은 어떤지 아시죠? 집 못 사면 장가도 못 간다고요. 아파트가 있어야 장가를 갈 수 있어요."

“하하 왜? 여자친구가 집 없으면 결혼 안 한다고 하던가?”

“아직 결혼 이야기는 안 했지만…… 시대가 그런 걸요.”

민구 씨의 표정은 어두워졌다. 김 교수는 민구 씨의 그런 표정을 유심히 살펴보았다.

“그래 맞아. 옛날과 지금은 세태가 다르지. 무엇이 옳다고 할 수는 없어. 하지만 중요한 것은 남자건 여자건 지금 당장 최대한 편한 환경에서 결혼생활을 시작하고 싶어 한다는 거야. 사람이 편한 거 찾는데 비난할 사람이 어디 있겠나?”

“네 맞아요. 편한 게 좋은 거니까 이 사회에서 여자들도 능력 있는 남자를 원하는 거겠죠.”

“맞아. 오늘은 이해력이 너무 좋은데?”

다 맞는 말이다. 민구 씨는 더 가슴이 답답해지는 것 같았다. 민구 씨의 그런 마음을 다 안다는 듯이 김 교수는 빙긋 웃으며 커피를 들이켰다.

“자네 표정이 왜 안 좋은지 알겠구만. 그래서 오늘은 좀 더 솔깃한 내용을 가르쳐 주지.”

“아 정말요? 아 사실 지금까지 배운 내용은 좀……”

“왜? 지겨운가?”

“그건 아닌데 좀…… 광범위해요. 너무 기초 학문이라고나 할까?”

“허허 이 사람, 아직 기본은 끝도 없이 더 남았네. 기본기를 소홀히 하면 아무 소용없어. 그런데 자네는 투자를 어디에 할 것인가가 가장 궁금한 거지?”

“네 맞아요. 사실 그 부분이 대부분 사람들이 궁금해 하는 거니까요.”

민구 씨는 김 교수가 조금 더 실질적인 지식을 알려주길 바랐다.

“그래 맞는 말일세. 그래도 이번에는 반드시 알아야 할 것이 있네. 자네 투자보다 중요한 게 무엇인지 아는가?”

“?”

“바로 자네 생활에서 나가는 돈을 줄여서 돈을 모으는 것이라네. 사회초년생인 자네는 이것저것 써야 될 돈이 많지 않은가?”

“네 뭐 그렇죠. 차도 사야 되고 결혼도 해야 하고. 사실 쓸 돈은 많아요. 쥐꼬리만 한 월급으로 힘들어요.”

“허허 역시 월급 탓을 하는군. 거기에서 부자가 되고 안 되고 판가름이 나는 걸세. 자네가 공부를 열심히 하는 것 같으니 한번 더 기본적인 이야기를 하겠네. 이전까지와는 다르니까 잘 들어 봐. 자네의 차, 집, 결혼에 관한 이야기야.”

# 절약이 있어야 저축도 있다

소비를 추구하는 시대임에도 불구하고 젊은 직장인들 중에는 절약을 잘하는 사람들이 꽤 있는 게 사실이다. 물론 거기까지라는 점이 문제다. 이 중에는 저축이 최고다, 혹은 연금이 최고라며 주위에 널리 전파하는 사람들도 있다. 그래도 이들에게서 본받을 점이 있는데 정말 절약을 꾸준히 실천하고 있다는 점이다. 이들이 재테크에 조금만 눈을 뜨면 정말 무서울 정도로 파고들어 성공한다. 절약이 있어야 저축이 있고, 목돈이 있어야 돈을 굴린다. 이 사람들은 이제 돈만 굴리면 된다. 그리고 오랜 습관과 경험이 몸에 배어 위험한 곳에는 투자를 잘 하지 않기에 투자를 해도 손실을 잘 입지 않는다.

절약을 하고 싶으면 주변에 절약을 잘하는 사람을 잘 지켜보면 된다. 그리고 따라하면 된다. 내가 지켜본 이런 사람들의 특징은 돈 쓰는 데 군더더기가 없다. 자잘하게 새 나가는 돈이 없다. 큰돈을 잘 안 쓰고 약속이나 모임도 꼭 가야 하는 곳 외에는 잘 가지 않고 돈이 적게 드는 여가생활 및 자기계발을 하고 있다. 보통 돈이 잘 안 모이는 사람들은 평일에도 주말처럼 약속이나 모임이 가득하고 밥 먹고 차를 마시거나 호프를 가고 당구나 노래방에 갔다가 밤 늦게 들어온다. 집에서 밥을 먹는 일이 없다. 주말에는 주말대로 여행을 가거나 모임에 나가서 재밌게 논다. 친구들이 많아서 이들을 관리하려면 이 정도 모임 횟수는 유지해줘야 한다. 그렇다고 딱히 사치를 하지도 않았고 큰돈을 쓴 곳도 없는데 항상 카드값은 월급만큼 나온다. 그렇게 시간은 흐르고 청춘은 덧없이 지나간다. 모인 돈이 없어 결혼을 하고 싶어도 돈이 없어 못하고 해가 지날수록 계속 세월의 풍파는 얼굴로 가고……

박봉이라 백화점에서 옷 몇 벌, 가방 한두 개만 사도 한 달치 월급을 휙 날려버리는 사람, 버는 족족 자동차 할부금과 튜닝비에 몽땅 투자하는 사람, 꽤 큰돈을 다달이 부모님께 드리는 사람 등 각자의 사연 때문에 돈을 모으지 못하는 사람들이 대다수다.

절약이라는 것은 알고 보면 그렇게 어려운 것도 아니다. 비싼 고기를 먹는 대신 값싼 고기를 먹으면 되고, 비싼 옷을 입는 대신 싸고 질 좋은 옷을 입으면 되고, 비싼 가구나 가전제품 대신 저렴한 제품을 사용하면 된다. 막상 실천하려고 하면 그렇게 어려운 것은 아니다.

그리고 돈을 모으려면 돈 많이 드는 취미나 관심사는 버리는 것이 좋다. 젊을 때 즐겨야 추억에 남고 좋다고는 하지만 결혼하고 이후 100세까지 약 70년의 인생을 그 추억과 바꾸기에는 너무 무모한 것이 아닐까? 지금 당장 마시멜로를 모두 먹어버리면 앞으로 평생 마시멜로는 먹지 못할 수도 있다. 취미를 바꾸거나 여가비용을 줄이고, 모임에 나가는 횟수를 줄여 자기계발에 보다 힘쓰는 것도 좋지 않을까? 일찍부터 돈을 모으면 나중에는 돈을 쓰고 또 써도 줄지 않는 날이 올 것이다.

그리고 제발 적은 월급을 탓하지 말자. 사람은 자기방어심리가 있어서 자기가 실패한 원인을 외부의 변수에서 먼저 찾는다. 핑계를 댐으로써 자신의 행위를 합리화하고 마음의 안정을 찾으려고 한다. 왜 돈을 모으지 못했냐고 물어 보면 기다렸다는 듯이 쥐꼬리만 한 월급과 치솟는 물가 그리고 잘못된 경제정책 등을 둘러대며 세상을 비판한다.

최소 200만 원 이상 받으면서 이런 말을 하는 것은 88만 원 세대에게 돌 맞을 이야기다. 사람은 버는 만큼 쓰는 사회적 동물이다. 한 달에 500만 원을 버는 직업을 가진 사람은 그에 맞게 품위 유지를 하기 위해 그만큼 소비하고 있다. 고소득자라 하더라도 대출받아 좋은 집에 사느라 매달 대출 원리금 갚아야 하고, 좋은 차 모느라 할부금과 기름 값으로 많이 지출하고, 집안 장식이나 가구도 어느 정도 가격 있는 걸로 수준을 맞추어야 하고, 외식도 수준에 맞추어야 하고, 모임에서도 자연스럽게 한 턱 내야 하는 상황이 많다. 반면 200만 원을 벌어도 자가용 대신 BMW(Bus, Metro, Walking)타고, 부모님이랑 알콩달콩 같이 살고, 알뜰하게 쇼핑하고, 모임에서 회비 걷어서 계산하면 저축액에서는 고소득자와 비슷하거나 그보다 더 많을 수도 있다.

중요한 것은 월급이 아니라 얼마를 남기느냐다. 결국 모은 돈으로 나중의 인생이 결정된다. 그리고 저축액이 100만 원 정도는 되어야 돈을 절약하는 고통스러운 시간을 줄일 수가 있다. 한 달에 100만 원씩 모으면 1년에 1,200만 원을 모은다. 한 달에 50만 원씩 저축하면 2년, 33만 원으로는 3년, 25만 원으로는 4년이 걸린다. 그리고 소중한 청춘의 시간은 불과 몇 년 밖에 없다. 몇 년만 고생하면 목돈이 모여 한결 여유로운 생활을 할 수 있는데 그 기간을 참지 못해 목돈을 모으는 데 5년, 10년씩 걸리는 사람들을 보면 가슴이 아프다. 이 시기에 모으지 못하면 집 장만, 결혼비용, 육아비용, 자녀학비, 부모님 용돈 등으로 인해 목돈을 다시 모으기 점점 어려워진다.

# '나'라는 회사의 재무상태를 파악하라

부자가 되고 싶다면 가장 중요한 것은 재테크 공부를 먼저 하는 것도 아니고 은행을 가는 것도 아니고 바로 자기 자신을 아는 것이다. 자기 자신을 알아야 얼마나 돈이 나가고 얼마나 저축을 할 수 있고 돈을 모으기 위해 어떤 방법을 써야 할지를 알 수 있기 때문이다.

자신의 재무상태가 어떤지 잘 알기 위해서는 자기 자신을 하나의 주식회사라고 생각을 하고 기업처럼 자신의 재산과 현금흐름을 투명하게 기록해보는 것이다.

첫째, 자신의 자산이 얼마나 되는지 알아보자.

내가 가진 집은 가격이 얼마인지, 전세라면 보증금은 얼마인지,

| 분 류 | 내 용 |
| --- | --- |
| 매출액 | 한 달에 번 돈(월급 + 이자 + 공돈) |
| 영업이익 | 직장에서 번 돈(월급 + 수당) |
| 영업외이익 | 직장 외에서 번 돈(임대수익 + 재테크 이익 + 기타) |
| 순이익 | 매출액 − 고정비용 − 지출비용 = 순수하게 남은 돈 |
| 고정비용 | 달마다 고정적으로 빠져나가는 돈(월세+대출이자+보험료 등) |
| 지출비용 | 그 외에 쓴 돈(생활비+카드 값 등) |
| 순자산 | 총 재산 − 부채총액 |

주식이나 예금에 투자된 금액은 얼마인지, 빌려준 돈은 얼마인지, 은행이나 빌린 돈은 얼마인지 계산을 해보자. 이것을 다 더한 것이 총자산이다. 거기에서 자신의 부채가 얼마인지 계산해보자. 이것이 부채자산이다. 나의 부채자산이 총자산에 비해 몇 %가 되는지 보자. 이것이 부채비율이다. 부채비율이 높으면 매달 갚는 이자가 많아 빚에 허덕이고 있을 가능성이 높다. 부채비율이 낮다면 당신의 재무상태가 건전하다는 것을 증명하고 또 다른 재테크 투자를 하는 데 자금을 끌어올 수 있다는 것을 말한다. 하지만 일반적으로 재테크 고수가 아닌 이상, 확실한 투자처가 있는 것이 아닌 이상 빚을 갚는 것이 가장 좋은 재테크다.

둘째, 자신의 매출, 영업이익, 영업외이익, 순이익을 구해보자.

기업에서는 벌어들이는 이득을 이렇게 분류한다. 매출액은 내가 벌어들이는 돈이다. 원가나 임금이 들어가는 기업에 비해서 개인은 매출이 곧 영업이익이고 매출이익일 경우가 많지만 매출은 영업이익과 영업외이익을 다 합친 개념이기 때문에 사용하는 것이 맞다. 즉, 매출은 내가 어떤 과정을 통해서든 벌어들인 총액을 말한다. 영업이익은 사업을 하는 사람은 사업으로 벌어들인 돈, 근로자는 내가 노동을 해서 벌어들인 월급이라고 볼 수 있다. 이것은 고정적이고 안정적으로 내 인생을 받쳐 주고 있는 수익이라고 할 수 있다.

영업외이익은 노동을 해서 번 돈이 아닌, 의외의 수입, 재테크를 통한 수입, 임대수익 등이 여기에 속한다. 초기에는 투자금이 적어 영업외수익에 의존할 수가 없다. 하지만 목돈이 꽤 모이고 투자금이 커지면 영업외수익이 영업이익보다 크고 안정적으로 다양한 방법으로 들어온다. 즉 돈이 들어오는 파이프라인이 많아 안정적으로 현금이 유입되기에 돈줄이 끊어지지 않는다. 재테크의 목적은 이 영업외수익을 늘려서 나중에 영업이익이 끊겨도 매출액이 변화가 없도록 하는 것이다. 즉, 재테크로 벌어들이는 수익이 월급 이상이 되는 것이다.

순이익은 영업이익, 영업외이익으로 들어온 돈 중에서 생활비,

즉 소모성 비용으로 들어간 돈을 제외한 순수하게 남은 돈을 말한다. 즉 저축할 수 있는 돈을 순이익으로 본다. 얼마나 절약하느냐에 따라서 저축할 수 있는 돈이 달라진다. 300만 원을 벌더라도 순이익이 50만 원이 남는 사람과 150만 원을 벌더라도 순이익이 100만 원인 사람의 미래가 달라질 것은 뻔하다.

기업은 이런 기록을 분기별로 일 년 단위로 묶어서 기록한다. 우리는 월급 기준 한 달 단위로 내가 얼마나 벌고 얼마나 순이익이 남는지 내 자산이 얼마나 변동되는지 기록해보자. 내 현금이 어떻게 들어와서 어떻게 나가고 얼마가 남는지를 한눈에 볼 수 있다. 순이익이 꾸준히 남는 사람의 기록을 보면 점점 영업외수익이 늘고 자기 총자산이 꾸준히 늘어나는 것을 알 수 있다. 저축을 하기에 영업외수익(이자)가 생기고 자산은 점점 불어나게 된다. 즉, 점점 부자가 되고 있다는 증거다.

여기에 그럼 자기 자신의 가치가 얼마인지 기업 가치를 평가하

〈'나'의 가치 평가〉

| 방법 | 계산식 | 비고 |
| --- | --- | --- |
| PER적용 | 1년 순이익 × 10 | 모은 돈이 없을 경우 |
| PBR혼합 | 1년 순이익 × 7 + 순자산 × 0.3 | 모은 돈이 적을 경우 |
|  | 1년 순이익 × 3 + 순자산 × 0.7 | 모은 돈이 많을 경우 |

는 방식으로 한번 해볼까?

　다음 표처럼 3가지 계산식을 적용했을 때 가장 높은 금액이 나오는 경우가 자신의 가치다. 기업가치를 평가하는 방법으로 순이익과 순자산을 구한 뒤, 같은 방법으로 계산식을 더해본 것이다. 물론 경제적인 가치로만 금액을 평가한 것이니 삭막하게 느껴질 수도 있지만 가끔씩 이 계산을 해보면서 자기 자신의 가치를 높이는 데 최선을 다하자.

# 차 살까?
# 말까?

정말, 진심으로 차가 필요하다고 느낀 적이 많을 것이다. 남자라면 혹은 대중교통이 불편한 외곽지역에서 근무하는 사람이라면 누구나 공감할 것이다. 교통이 안 좋은 시골에 근무할 때였다. 하루에 버스가 몇 대 안 다니는 곳이라 주로 직장동료들의 차를 얻어 타고 다녔는데 정말 고맙고 미안했다. 그래서 6개월 만에 얼른 면허를 따고 새 차를 뽑았다.

차가 생기니까 좋았다. 그동안 신세진 것 같고, 늦게 일어나도 지각하지 않고, 출장 다니기 편하고, 주말에 외곽으로 여행 다닐 수 있고, 시외에 있는 분위기 있는 식당도 아무 때나 맘 편히 다닐 수 있고, 데이트하면 점수도 딸 수 있고…… 장점이 참 많았다.

그런데……그런데……그런데…… 다 좋은데…… 유지비가 너무 많이 들었다. 연비가 나쁜 차도 아닌데 기름 값이 한 달에 40만 원이 들었다. 차 보험료도 130만 원 정도 나왔다. 차가 있다 보니 주말에 먼 곳으로 여행도 많이 다니고 식당도 차로 가는 값나가는 근사한 곳을 찾다 보니 차 할부금, 보험료, 기름 값 등 나가는 돈이 꽤 되었다. 점점 재테크와는 거리가 멀어졌다. 결국 몇 년 못 가서 팔아버렸다.

그 후에 또 차가 너무 많이 필요해서 결국 다시 차를 사게 되었다. 이번에는 경차로 샀음에도 불구하고 유지비가 적게 들 줄 알았는데 기름 값도 거기서 거기고 별 차이 없었다. 경차가 연비가 좋다고는 하지만 운전습관이 좋지 못하면 그렇게 크게 절약되지 않는다. 고속도로 통행료 50% 할인, 구입 시 취등록세 면제, 저렴한 세금 등의 혜택이 있다고는 해도 살림살이가 눈에 띄게 나아질 정도는 못된다.

주변 사람들이 젊어서 차를 사지 말라고 하는 것을 들어 본 적 있는가? 경험자로서 이건 진심이다. 월급의 절반이 차 때문에 나간다고 해도 거짓말은 아니다. 차는 정말 도저히 없으면 안 될 때, 적당히 목돈이 모이고 결혼이 임박했을 때가 아니면 조금만 더 참고 기다렸으면 한다. 빛 좋은 개살구라는 교훈을 몸소 체험하지 않기를 바랄 뿐이다.

차는 필요한데 새 차는 살 돈이 없고, 중고차를 사자니 불안하고, 친구랑 고민해도 답은 안 나오는 경험을 해보았을 것이다. 처음에는 굴러만 가는 차라도 있었으면 싶다가도 나중에는 좀 더…… 좀 더…… 가격이 높은 차에 욕심이 생기고 만다.

새 차의 장점은 우선 깨끗하고 손해는 보지 않는다는 것이다. 잔고장 없고, A/S 잘 되고, 편의기능 좋고, 남의 손 타지 않은 새 것이라 기분 좋고, 폼 나고…… 새 차 싫어할 사람 어디 있을까? 비싸다는 점 빼고는 다 장점이다. 그리고 하자 있는 물건으로 손해 볼 확률이 없다. 그런 경우라 하더라도 교환 또는 무상수리를 해 준다. 새 차의 유일한 단점이라면 차를 고르고 받으려면 시간이 좀 걸린다는 점이다.

중고차의 장점은 사자마자 바로 키 꽂고 집으로 가져갈 수 있고, 가격이 저렴하다는 것이다. 그런데 연식이 있으니 싼 건 당연한 것이고. 문제는 누구는 싸게 사고, 누구는 비싸게 사고 누구는 멀쩡한데 누구는 사자마자 여기저기 고장난다는 점이다. 즉, 중고차 자체의 신뢰가 없기 때문에 불안하다. 아무리 유명한 중고차센터라고 해도 엔진부분에 한해서만 보장을 해 주기에 그 외 부분, 즉 알 수 없는 손해를 볼 수 있다. 싸게 사서 좋아했는데 알고 보니 침수차일 수도 있고, 치명적인 결함이 있는 차일 수도 있다.

돈에 여유가 있다면 어차피 거의 평생은 운전을 해야 하니 새

**〈새 차와 중고차의 차이점〉**

| 구 분 | 장 점 | 단 점 |
|---|---|---|
| 새 차 | – 기분이 좋다<br>– 초기관리비용 안 든다<br>– 목돈 없이도 구입가능<br>　(저리할부) | – 비싸다<br>– 구매 후 수령기간이 길다 |
| 중 고 차 | – 저렴하다<br>– 구매 후 바로 수령 | – 결함 또는 침수차 구매 가능성<br>– 구입 후 수리비가 든다<br>– 할부금리가 비싸다 |

차를 사서 마음 편히 10년 이상 오래 탄다는 기분으로 사는 걸 추천한다. 하지만 경제적으로 여유가 없다면 좋은 중고차를 살 수밖에 없다.

# 새 차 싸게 사는 방법은 있다

차를 파는 딜러는 두 부류다. 고정월급은 많고 판매수당이 적은 직영사원, 고정월급은 적은 대신 판매수당이 많은 영업사원. 우리가 차를 보러 대리점에 가면 주로 맞이하는 사람들이 직영사원, 현수막 광고나 길거리 홍보, 신문광고를 내는 사람이 영업사원이라고 보면 된다. 보통 이 둘의 구분을 모르고 그냥 대리점 가서 대화하고 차를 사기에 잘 몰랐겠지만 영업사원을 만나면 그 이상의 할인혜택을 볼 수 있다.

직영사원에게 사면 보통 언더코팅+썬팅 정도, 값이 나가는 경우의 차일 경우 좀 더 혜택을 받을 수 있다. 영업사원의 경우 가죽시트를 해주거나 썬루프 또는 네비게이션 매립 등의 고가의 보너스를 주는 경우도 많다. 단, 현금할인보다는 위와 같은 옵션 서비스를 달라고 하는 것이 영업사원이나 구매자나 서로서로 이득이다. 영업사원은 똑같은 서비스를 하더라도 제휴업체에서 싸게 해올 수가 있기에 구매자는 어차피 해야 할 거라면 정가를 다 주느니 옵션서비스를 받는 쪽이 이득이다. 이런 서비스나 할인은 물론 자동차 회사의 방침이나 판매사원마다 다르기 때문에 명확한 기준은 없다. 요새는 판매자에 따라 할인 폭이 달라지는 점을 개선하기 위해 전국 어디서든 같은 가격을 제시하는 분위기로 바뀌는 추세이므로 이제는 적용되지 않을 수도 있다.

정상적인 방법들도 알아보자. 군인들의 경우 6월에 호국보훈의 달이라고 해서 10만 원을 할인해 주는 곳도 있고, 12월에는 연식이 1년 더 먹는다고 해서 차종에 따라 다르지만 약 100만 원 이상 할인을 해 주기도 한다. 어차피 내가 사서 10년 이상 탈 것이라면 이때 새 차를 싸게 살 수 있다. 또는 전시용 차를 사면 20~50만 원 정도 할인을 더 받을 수 있다. 전시용 차라고 해도 주행을 한 것이 아니고 출고일까지 기다릴 필요도 없이 며칠 내로 받을 수 있어서 좋다. 차 값을 계산할 때 현금으로 하지 말고, 카드로 결제하면 1,000만 원당 10만 원을 상품권으로 주는 카드 회사도 있고, 카드 좀 쓰는 사람이면 선세이브 할인을 받아 부담을 줄일 수도 있다. 여기에 자동차 보험을 가입할 때 영업사원이 추천해 주는 쪽으로 가입을 하면 차 가격을 조금 더 깎아 주기도 한다.

차량명의를 부모님으로 하고 보험을 가족보험 또는 지정1인에 본인을 넣어서 가입하면 최대 70% 정도까지 싸게 가입할 수 있다. 보험료는 초보운전자 때 가장 비싸고 무사고로 1년이 지날 때마다 점점 할인되는 것이라 본인명의로 차량등록을 하면 비싼 보험료를 울며 겨자먹기로 내야 한다. 1600cc기준으로 내 명의로 하면 130만 원이 나오고 부모님명의로 하면 40만 원 나온다. 그래도 내 차는 내 명의로 하고 싶을 경우 본인지분 99% + 부모님지분 1%로 해서도 등록이 가능하다. 단, 부모님 명의로 보험을 들 경우 내 명의로 보험을 든 경력이 조회되지 않아 차후에 내 명의로 차량 구입 후 보험가입 시 결국은 비싼 보험료를 내야 하긴 하다. 하지만 젊은 시기에 굳이 비싼 보험료를 먼저 낼 필요는 없다. 어느 정도 경제적 여유가 생겼을 때 자신의 두 번째 차를 구입하는 시기에 본인명의로 구매하는 것을 추천한다.

그리고 탁송비라고 해서 공장에서 집 앞까지 차를 가져다 주는 비용이 20만 원 정도 추가로 든다. 그러지 말고 그냥 여유 있는 날 하루 잡아서 영업사원의 차를 타고 같이 공장으로 가서 자동차공장 구경도 하고 외관상 문제가 없는지도 꼼꼼하게 보고 집으로 가져오면 된다. 그리고 국공채할인이라고, 영업사원 중에 할인혜택을 크게 준 만큼 이것을 가지고 장난치는 사람도 있다. 국공채 할인이란 차를 사면 국공채를 매입해야 하는데 당장 채권을 살 여유가 없다 보니 관례적으로 사자마자 할인을 시켜 되팔아버리는 것을 말한다. 여기서 손해 보는 금액이 국공채할인 금액이다. 돈이 여유 있으면 그냥 국공채를 사버리자. 그러면 이 금액을 손해를 안 봐도 되고, 나중에 채권이자도 받을 수 있고 좋다. 그냥 다들 그런다고 따라서 할인시켜버리지 말자. 그 외에도 차량 번호판 값을 터무니없이 조금 비싸게 받기도 하는데 주의하도록 하자. 그 가격이면 예쁜 차량 번호판을 사서 달고도 남는 돈이다. 아는 만큼 속지 않는 법. 괜히 아까운 돈 흘리지 말자.

# 중고차 싸게 사는 방법은 없다

솔직히 말해서 중고차를 싸게 사는 방법은 없다. 친척이 중고차를 팔거나 개인 대 업체가 아닌 개인 대 개인의 거래로 어쩌다 우연히 건지는 경우를 빼고는 말이다. 나도 중고차를 두 번이나 산 경험이 있고, 지인들 중고차 살 때 종종 함께 차를 보러 간다. 그러면서 깨달은 건 '중고차는 딱 그 가격만큼 한다'는 것이다. 생각해보자. 딜러가 왜 좋은 차를 싸게 내놓을까? 좋은 차는 비싸게, 안 좋은 차는 싸게 내놓지 않을까? 그런데 우리는 왜 싸고 좋은 차를 찾을까? 헛고생 하지 말고 값은 좀 주더라도 고장 안 나는 튼튼한 차를 고르는 것이 포인트다. 유난히 시세보다 싼 중고차가 나왔다고 덥석 샀다가는 침수차나 결함이 있는 차일 확률이 100%라고 본다.

　예전에 국민경차 '마티스'를 산 내 경험담을 이야기해보겠다. 다른 곳보다 유달리 싸고 연식도 최근인 마티스 한 대가 인터넷 장터에 올라와서 그걸 사려고 경기도에서 광주까지 내려갔다. 사고가 좀 크게 나긴 했지만 가격이 너무 착해서 직접 본 뒤 시승을 했다. 중고차는 시승을 해도 도로가 아닌 주차장 정도에서만 왔다 갔다하게 하는 사실을 아는가? 도로에 나가서 속도를 올리면 대충 문제점을 눈치 채기 때문이다. 어쨌든 그렇게 주차장 내를 왔다갔다하는데도 '뭔가 이상하다, 이거 사면 훅 갈 수 있겠다'라는 느낌이 들었다. 그리고 다른 차들을 보는데 저쪽 구석에 있는 흰색 마티스가 눈에 들어왔다. 연식과 모델을 고려해볼 때 일반 시세보다 좀 비싸다 싶었는데 시승을 하는 순간 마티스가 나에게 "형. 저에요"라고 외치는 것 같았다. 좀 더 싸게 사기 위해서 깎아 달라고 했지만 정말 안 깎아 주었다. 물건 값 깎기 고수라고 자부하는 나였지만 완강히 안 깎아 주겠다는 딜러를 당해낼 수가 없었다. 대신 아까 그 차는 더 깎아 주겠으니 그 차를 권유하는 것이다. 왠지 흰색 마티스는 팔려는 의지가 없어 보였다. 아니 안 팔고 싶어 하는 것 같았다. 그래서 나는 흰 마티스로 결정을 하고 딜러와 대화를 더 한 끝에 5만 원을 깎았다.

　역시 생각대로 10년 가까이 된 마티스임에도 불구하고 달려 보니 정지상태서 100km/h까지 불과 몇 초도 걸리지 않을 정도로 차가 엄청 잘 나갔다. 웬만한 중형차와 경주해도 될 만큼 꽤 잘 달렸다. 주몽이 좋은 말을 일부러 굶겨 놓은 다음 자기가 가져갔다는 말이 생각나는 순간이었다.

중고차 매장에서 차를 살 때 조금 더 싸게 사는 방법을 알아보자. 우선 보험을 가입할 때 매장에서 추천하는 보험회사로 가입을 해 주고 대신에 좀 더 깎아 달라고 하면 거의 대부분 깎아 준다. 보험 소개료로 받는 돈이 있고 차를 팔아서 남기는 돈이 꽤 있기에 웬만하면 깎아 준다. 안 깎아 준다 싶으면 다른 보험회사에 전화해서 견적을 계속 뽑는다. 그럼 자기가 추천하는 회사로 가입하면 얼마 더 깎아 주겠다고 항복을 할 것이다. 그리고 하나 더, 중고차는 K사나 H사의 차보다 G사의 차가 더 많이 할인돼서 팔리고 있다. G사 차에 대한 안 좋은 편견이 조금 있어서 그런데 그건 옛날 말이고 웬만한 예전 G사 모델 차를 사도 쓸 만하다. 대략 평균적으로 3년 된 중고차의 경우, K사나 H사, 경차가 신차 가격의 60~70%로 형성되는 것에 반해 G사는 50%를 웃도는 가격에 형성된다. 편견을 버리면 더 싸게 살 수 있다. 그리고 차량 cc별로 보면 경차 가격이 가장 안 떨어지고, 그다음이 준준형(1600cc), 그다음이 2000cc 순이다. 경차는 찾는 사람들이 많고, 2000cc 이상 넘어가면서부터는 차 자체 가격도 비싸다 보니 부품 값도 꽤 비싸기에 중고차 가격이 뚝뚝 떨어진다. 경차의 경우는 정말 그냥 새 차를 사는 것이 덜 손해겠다 싶을 정도로 중고차라고 해도 싸지가 않다. 마지막으로 무사고 차량은 괜한 가격 거품이 있으니 피하고, 단순사고 즉, 차량성능에는 지장 없는 범퍼를 살짝 바꿨다든가 측면 휀다 부분을 교환한 차를 사는 편이 더 저렴한 차를 살 수 있는 노하우다. 사고 부위가 엔진 또는 차 전체인 차량은 절대 사면 안 된다. 후회할 확률이 높다.

사실 중고차를 살 때는 싸게 사는 것보다 좋은 차를 사는 것이 더 중요하다. 좋은 차를 고르는 방법은 다음과 같다. 우선 보통 시세보다 싼 차는 쳐다보지도 말자. 안 봐도 뻔한데 힘 뺄 필요 없다. 대신 시세보다 약간 비싼 차를 고르면 좋은 차를 고를 확률이 높다. 타이어도 살펴봐야 할 곳 중 하나인데 타이어와 차체 사이의 틈이 일정하지 않고 어느 쪽으로 쏠렸다 싶은 차는 사고에 의해서 축이 틀어진 차니 사면 고생한다. 아무리 4만 원짜리 휠얼라이먼트로 조절을 해도 차가 한쪽으로 계속 쏠리는 증상을 고칠 수가 없다. 다음으로 시동을 걸 때 소리를 잘 들어봐야 한다. 시동이 잘 안 걸리거나 차가 퉁퉁 튀는 느낌이 나면 나중에 시동 걸 때 애를 먹을 수도 있다. 그리고 시동 중에 엔진룸 바닥을 보자. 땅이 흥건히 젖어 있으면 엔진오일이 새는 것일 수도 있다. 이거 고치려면 10만 원 가까이 든다. 그 다음 보닛을 열고, 엔진룸 가장 위쪽 가운데에 있는 철사로 된 벨트가 보이면 시동을 걸고 나서 팽팽하게 살짝 당겨 보자. 엔진회전이 빨라지면서 엔진음이 들리는데 이때도 통통 튀는 느낌이 강한 차는 엔진상태가 불량한 상태다. 연식이 10년 이상 되고 주행거리가 20만km를 넘은 차도 제쳐놓자. 문제가 당장은 없어도 사람으로 치면 죽기 전에 노장의 투혼을 발휘하고 있는 상태다. 알 수 없는 원인으로 차가 도중에 서는 일이 잦을 수 있다. 가격을 떠나서 사람이 지치게 되니 잔고장이 예상되면 과감히 패스하자.

더 좋은 방법은 차를 잘 아는 사람, 그냥 차 있는 사람 말고, 차를 정말 잘 아는 사람과 같이 가 보는 것이다. 차의 소리나 상태만 봐도 대충 어디가 고장 났다고 예측을 하는 사람들이 차를 잘 아는 사람이다. 아니면 카센터 직원 한 명 하루 섭외해서 가는 것도 좋다.

# 자동차 할부, 똑똑하게 이용하는 법

집 사는 것 다음으로 돈이 많이 들어가는 것이 차를 사는 일이다. 집을 20년 할부로 사는 세상에 살면서 차를 일시불로 살 수 있는 사람이 얼마나 될까? 그래서 보통 차를 살 때 할부로 많이 산다. 새 차를 사면 캐피탈에서 최저 8% 이상의 금리로 할부를 해 준다. 애매하게 비싼 금리라서 저금리 대출이 가능한 사람은 다른 대출을 받아 사기도 하지만 보통 이 캐피탈 할부로 많이 구매한다.

중고차는 어떨까? 경우에 따라 다르지만 중고차 시장은 사채시장과도 다름이 없다. 금리는 두 자리를 넘기는 경우가 대부분이고 매우 비싸다. 상상이 안 가는 금리도 많아서 중고차 시장에서 할부는 금기시되었었다.

하지만 이제는 직장인들에게 희소식이 생겼다. 예전과 달리 이제는 은행에서 저렴한 금리로 자동차 대출을 받을 수 있게 되었다. 새 차를 살 때뿐만 아니라 중고차도 은행에서 대출이 가능한 세상이 되었으니 굳이 할부로 살 필요가 없어진 셈이다.

은행마다 조금씩 다르지만 대출 과정을 간단하게 요약하면 다음과 같다.

1. 은행에 간다.
2. 얼마나 대출이 되는지 조회해본다(신용도 조회).
3. 금액에 맞게 차를 고르고 계약서를 은행으로 가져간다. 보통 차 값의 10%가 계약금이다.
4. 차량 인도일, 결제일에 은행에서 자동차 매장으로 결제를 해준다.
5. 열심히 대출을 갚는다.

은행들의 이런 공세 덕분에 자동차 회사에서도 저금리 할부조건을 내걸고 있다. 차를 할부로 사면 은행에 오가는 불편 없이 그 자리에서 신청이 가능하다는 장점이 있다. A사의 경우 차종과 할부기간에 따라 무이자부터 1~7% 금리로 할부를 제공하고 있고, B사도 차종에 따라 1~3% 특별할부 이벤트를 하고 있다. 하지만 인기차종이나 일반할부의 경우는 약 8%선에서 금리가 형성되고 있다.

그럼 오토론이라고 불리는 은행권의 자동차 대출(약 6%)과 일반 자동차 할부(약 8%)의 실제 금액 차이는 얼마나 될까? 3,000만 원의 차를 5년 할부로 살 경우 약 180만 원의 이자 차이가 발생하고 이는 연간 36만 원 정도 차이가 난다. 이렇기 때문에 할부 금리가 몇 %인지 확인도 하지 않고 무작정 서류에 서명을 하는 일은 없어야 한다.

개인적인 생각으로는 차의 가격이 비싸다고 생각한다. 여러 이유가 있겠지만 어쨌든 비싸게 주고 사지 말고 싸게 살 수 있는 방법은 최대한 알아보고 사야 한다. 그리고 자동차 할부를 하든 은행에서 대출을 받든, 빚이라는 점은 잊지 말자. 즉, 자신의 능력을 벗어난 상태에서 무리하게 비싼 차를 구매하지 말라는 것이다. 5년이 지나면 중고차 가격은 신차 가격에 상관없이 작은 차나 큰 차나 비슷하기 때문이다. 자동차 선택 하나만으로도 미래의 당신의 부를 좌지우지할 수 있다.

# 신용카드의 아찔한 유혹

취업을 하고 나면 신용카드를 신청하라는 제의를 여러 번 받을 것이다. 은행에 가면 신용카드 하나 만들라며 권유를 한다. 직장이 없을 때는 신용카드 있는 사람들이 참 부러웠는데 이제 어느덧 신용카드도 생기고 진짜 어른이 되었다는 기분이 들 것이다. 요새 직장인 중에 신용카드 한 장 없는 사람이 없을 정도다. 그리고 신용카드 혜택이 꽤 다양하다 보니 신용카드 없이 현금으로 결제하면 손해 보는 기분이 들어서 가능하면 카드로 결제하는 게 요새 대세라 현금으로 계산하는 사람을 보기 드물게 되었다.

신용카드를 쓰는 것 자체가 나쁜 것은 아니다. 신용카드로 알뜰하게 혜택을 받는 사람들도 꽤 많다. 하지만 단점은 신용카드로 결제를 하다 보면 돈을 더 많이 쓰게 된다는 것이다. 실제로 고지서에 찍힌 금액이 월급에 육박하는 사람들이 이 글을 읽는 중에도 꽤 있을 것이다. 월급이 로그인하자마자 카드값으로 로그아웃되어 또 통장에 얼마 남지 않게 되고 그래서 또 카드를 긁고 현금서비스 받고…… 알고 보면 이런 악순환에 빠진 사람들이 꽤 있다.

신용카드는 결제대금이 한 달 뒤에 나가니까 그 사이 월급을 한 달만 CMA에 넣어도 이익이라는 생각에, 혹은 당장 돈이 없기에 카드를 쓰는데 나중에는 카드 값을 막기 위해 월급을 벌어야 하는 주객전도 현상이 나타난다. 왜 그럴까? 카지노에서 돈을 칩으로 바꿔 주는 이유를 아는가? 칩으로 배팅을 하다 보면 내가 얼마를 걸었는지 감각이 무뎌지게 된다. 만약 현금이라면 그렇게 큰 배팅을 하지는 못 할 텐데 말이다. 카드도 이와 비슷하다고 생각되지 않는가? 카드 결제할 때 슬쩍 보이는 금액이 숫자로만 느껴질 뿐 현금이라는 감이 떨어지기 시작하면 돈 아까워 못 사던 물건들도 과감하게 긁기 시작한다. 지름신의 강림인 것이다. 체크카드를 써도 이건 똑같다. 대형마트, 백화점 등에서 무이자 또는 할인혜택을 주는 이유가 무엇일까? 이렇게 해 줘도 카드를 쓰면 매출이 그 이상으로 오르니까 카드결제를 유도하고 있는 것이다. 그리고 꾸준히 한도를 늘려줘서 점점 더 많이 사도록 유혹한다. 그래서 신용불량자가 계속 꾸준히 생겨나는 것이기도 하다.

그럼 어쩌라는 것인가? 단도직입적으로 말하자면 카드는 없어도 된다. 절약의 가장 큰 적이 카드다. 카드를 가지고 쇼핑을 하는 것은 칩을 들고 카지노로 들어가는 것과 똑같다. 못 믿겠으면 딱한 달만 카드를 장롱 밑으로 넣어버리고 현금으로 살아 보자. 그리고 비교해보자. 지출이 얼마나 줄었는지. 한번 이 효과를 알게 되면 카드 중독에서 벗어날 수 있을 것이다. 그리고 현금을 쓰면 나름 재미도 느낄 수가 있다. 동네식당가서 밥 먹을 때 현금으로 계산하면 다음에 갈 때는 식당 아주머니가 소시지 반찬이라도 한 개 더 얹어 주는 것을 느낄 수 있을 것이다. 실제로 영세상인들은 높은 카드 결제수수료 때문에 힘들어 하고 있다. 현금영수증을 사용하면 나는 소득공제 혜택을 누리고 절약도 하고 사장님도 수수료 내지 않아 좋고 서로서로 좋다.

그리고 신용카드사에서 만든 개발한 아이디어 중 하나인 선세이브 할인, 리볼빙서비스에 대해서도 알아보자. 먼저 선세이브 할인이라는 제도는 물건을 살 때 카드사에서 일정금액을 할인해 주고 나중에 그만큼을 카드포인트로 갚으라는 제도다. 물건을 살 때 부담을 덜 수 있어서 이 혜택을 많이 사용하는데 할인금액에 따라 갚아 나가는 기간이 12, 24, 36개월 식으로 나뉜다. 그 기간만큼 포인트를 만들기 위해서 고객들은 열심히 충성을 다해 카드를 긁게 된다. 결제대금의 약 0.5%니까 포인트 5,000원을 만들려면

100만 원을 긁어야 한다. 어차피 카드로 100만 원을 써도 그 정도 포인트가 쌓이는데 조삼모사 같은 상황이 된다. 그리고 선세이브 포인트를 갚는 과정에서 카드의 혜택이 바뀌는 경우가 많다. 기존의 혜택과 달라지기에 체감으로 느끼는 카드 할인 혜택을 제대로 느낄 수가 없다.

리볼빙서비스도 마찬가지다. 이번 달 카드 값을 낼 것 같을 때 일정금액 또는 일정비율을 상환하면 잔여 이용금액의 상환을 연장, 한도 범위 내에서 계속해서 카드를 이용할 수 있게 하는 제도다. 괜히 카드 값을 못 막았다가 신용등급을 깎이느니 이 기능을 활용하면 좋지 않은가라고 생각하겠지만 리볼빙 수수료가 신용등급이 좋은 사람도 약 20%나 되는 폭리를 취하고 있다. 당장의 달콤함이 후에 칼날이 되어 돌아온다. 세상에 공짜는 없다!

# 체크카드 VS 신용카드

혜택 면에서 볼 때, 체크카드가 그냥 커피라면 신용카드는 고급 커피다. 신용카드가 혜택이 더 많은 것을 볼 때마다 체크카드를 쓰는 대학생들은 나중에 취업하면 신용카드를 꼭 만들겠다고 다짐을 하기도 한다. 하지만 신용카드라는 것은 지금 없는 돈을 단기적으로 당겨 쓰는 대출이다. 실제로 신용도가 좋지 않은 사람은 신용카드가 발급되지 않는다. 그렇기에 신용카드가 직장인의 상징이기도 하다. 하지만 이것이 찬란한 족쇄로 돌아오는 시간은 그리 오래 걸리지 않는다.

예를 들어 쉽게 비교를 해보자. 체크카드는 자기가 가진 돈만 칩으로 바꿔서 카지노로 들어가는 것이고, 신용카드는 옆에서 돈 빌려주는 사람과 같이 카지노로 들어가는 것이다. 어떤 것이 더 해로울지는 뻔하다.

그렇지만 신용카드를 효과적으로 쓰는 사람들도 있다. 솔직히 말하면 젊은 나이에는 현금영수증, 체크카드를 쓴다고 해도 돌려받는 환급액이 그리 크지가 않기 때문에 신용카드를 절제하며 쓸 수만 있다면 신용카드의 혜택을 받는 편이 금전적으로 더 이득이다. 본인도 특정 통신사를 쓰면 할인혜택이 커지는 신용카드를 쓰고 있다. 주유소에서 리터당 150원의 할인을 받고 대형마트에 가면 10%, 대중교통 7%, 통신비 15,000원을 깎아 주는 카드를 쓰고 있는데 할인혜택을 이리저리 모아 보면 한 달에 약 4~5만 원 정도의 혜택을 보고 있다. 이를 1년으로 치면 약 5~60만 원 정도의 혜택이 되는 셈이니 소득공제보다는 이득임이 확실하다.

신용카드를 알차게 쓰려면 혜택의 범위가 다른 카드 두 장을 발급받는 것이 좋다. 선발카드와 후보카드 두 장을 발급받는 것이다. 선발카드는 혜택 범위가 넓은 것으로 한다. 후보카드는 선발카드가 가지지 못한 혜택 범위 중 나에게 필요한 부분이 많은 카드로 한다. 이러한 이유는 신용카드의 경우 전월 실적이 있어야 혜택을 주기 때문인데 최소 30만 원에서 60만 원까지 실적을 채워야 한다. 그리고 내가 할인을 받은 결제액은 실적에 들어가지 않기에 혜택을 받지 않는 결제액만으로 이 실적을 채우려면 카드 하나에 실적을 몰아주는 편이 좋다. 그런데 후보카드는 왜 만들까? 살다 보면 가끔씩 놀라운 실적을 올리는 경우가 생기기 때문이다. 자동차 보험료, 병원비 등을 지출하는 경우 실적을 초과하는 경우가 있기에 이런 경우는 후보카드로 실적을 채우면 다음 달에 할인혜택을 볼 수 있는 곳이 많아진다.

신용카드를 쓰면 내가 얼마나 쓰는지 모르고 계속 긁게 되는데 요새는 카드사에 누적사용금액을 문자로 통보해 주는 서비스가 있다. 이를 활용하거나 신용카드 사용금액을 알려주는 스마트폰 어플을 설치하면 카드를 긁을 때마다 누적금액이 같이 나오므로 계획적인 소비가 가능하다.

절제가 잘 되지 않는다면 체크카드를 쓰는 것을 추천한다. 요즘 나오는 체크카드는 신용카드만큼 혜택이 좋아졌다. 대형마트, 브랜드제과점, 카페 등 5~10% 정도 할인해 주는 카드도 있고, 영화관에서 7천원을 할인해 주는 카드도 있다. 예전에는 이런 할인 폭을 상상할 수가 없었지만 점점 체크카드를 선호하는 똑똑한 사람들이 많아진 덕에 미래 신용카드 고객확보 차원에서 혜택을 늘리고 있는 상황이다.

체크카드의 장점은 역시 소득공제 공제율이 높다는 것이다. 연봉의 25% 이상 쓴 금액에서 체크카드는 초과금액의 30%가 공제되고 신용카드는 20%가 공제된다. 총급여가 4,000만 원인 근로자가 2,000만 원을 신용카드 또는 체크카드로 결제했다면 신용카드는 약 33만 원, 체크카드는 약 49만 원 정도의 소득공제 혜택을 받을 수 있다. 소득의 규모가 크고 소득대비 지출액이 많다면 체크카드가 유리할 수 있다.

하지만 숨겨진 장점은 따로 있다. 내가 필요한 만큼의 월 생활비 통장을 만들고 체크카드를 사용함으로써 불필요한 지출을 줄일 수 있다는 점이다. 월급날 생활비 통장에 딱 일정금액만 넣어놓고 나머지 금액은 저축 및 투자를 한 뒤 한 달을 체크카드로 버티는 것이다. 신용카드를 가진 사람은 할 수 없는 절약 방법이다.

참고로 신용카드를 쓰면 신용점수가 좋아져서 나중에 대출에 유리하다는 말이 있는데 어느 정도는 맞는 말이지만 그런 이유 때

〈신용카드 VS 체크카드 VS 현금〉

| | 장 점 | 단 점 |
|---|---|---|
| **신용카드** | · 큰 할인혜택<br>· 결제일 동안 이자혜택(약 15일)<br>· 할부 가능(무이자 포함) | · 과소비 가능성<br>· 소득공제 손해(공제율20%,<br>　향후 10%로 낮아질 전망) |
| **체크카드** | · 소득공제 혜택(공제율30%)<br>· 과소비 방지효과 있음 | · 적은 할인혜택<br>· 결제 즉시 인출(할부 불가) |
| **현금** | · 소득공제 혜택(공제율30%)<br>· 과소비 방지효과 최고 | · 할인혜택 없음<br>· 잔돈 보관 불편함 |

문에 신용카드를 쓰는 것은 반대다. 신용카드를 쓰다 보면 씀씀이가 커지고 연체를 막기 위해 현금서비스에 손을 대는 늪에 빠질 수도 있다. 은행에서 신용대출을 해 줄 때 카드이용 실적도 어느 정도 보겠지만 가장 중요한 것은 돈을 빌리는 사람의 직장과 자산 현황 그리고 연체실적이다. 즉, 카드이용 실적은 그리 큰 역할을 하지 않는다.

결론을 내 보자. 절제하는 능력이 뛰어나다면 신용카드를, 지름신이 자주 강림하는 사람은 현금을, 절제력이 부족하지만 혜택을 누리고 싶다면 체크카드를 쓰는 것이 현명한 판단이다.

# 내 집 마련 꼭 필요할까?

집이야 당연히 꼭 있어야 하는 것이지만 꼭 집을 사야 할 필요가 있을까? 왜? 다들 자기 집 한 채는 있어야 한다고 하니까? 아니면 편하게 마음 놓고 벽에 못을 박을 수 있어서? 이런 작은 이유들 때문에 내 집 장만을 하기에는 집이 너무 비싸고, 너무 많은 재산이 여기에 묶이게 된다.

서울의 괜찮은 동네 아파트는 월급을 평생 모아야 살까 말까다. 이 돈이면 인생에 있어서 다른 의미 있는 곳에 충분히 쓸 수 있는 금액이고 다른 재테크를 할 수 있는 중요한 밑천인데 그냥 깔고 앉아서 사는 꼴이다.

불과 몇 년 전까지만 해도 집을 사서 깔고 앉아 있으면 집값이 쑥쑥 올라서 부를 늘려 주었다. 그때는 부동산 투자만 한 것이 없었다. 대충 아무 아파트나 사도 오르던 시절이니까. 하지만 서브프라임 사태 이후, 그리고 우리나라도 인구가 꺾여가는 시점이 오면서 집값이 최고점을 회복하지 못하고 있다. 분양가 상한제를 피하기 위해 밀어내기 분양을 하느라 엄청나게 많이 지은 아파트 중 일부는 아직도 악성 미분양으로 남아 있고, 아파트 착공에 돈을 빌려준 저축은행은 큰 타격을 받아 몇몇은 영업정지를 당했다. 결국 저축은행에 돈을 맡긴 서민들이 고스란히 그 피해를 떠안았다.

미분양의 원인은 분양가가 너무 비쌌기 때문이다. 이런 부동산 불황에도 저가 아파트, 중소형 아파트 청약률은 치열했다. 수요는 살아 있지만 너무 비싸다는 인식이 생기기 시작했다. 전세 값은 폭등을 해도 집값은 거의 그대로인 것을 보면 집값에 거품이 끼어 있다는 것을 반영하는 것이다.

게다가 점차 인구가 감소함에 따라 아파트에 대한 수요가 점차 떨어지는 추세다. 그러는 중에도 원룸 등 소형 주택 또는 소형 아파트는 점차 수요가 증가하고 있는 추세다. 집값이 워낙 비싸기에 원룸에 살던 대학생이 직장을 구해도 계속 원룸에 머무르고 신혼 부부 중에도 한동안은 원룸에서 사는 경우가 많기 때문에 원룸을 계속 지어도 공급이 부족한 이유가 여기에 있다. 그리고 자녀가 없거나 1명만 낳는 추세이고 더구나 이혼률과 독신률도 계속 증가하고 있다. 큰 집이 필요 없어지는 것이다. 교통 좋은 곳의 소형 아파트나 주택의 인기는 더 올라갈 것으로 예상되는 이유다. 시간이 흐르면 자연스럽게 중대형 아파트 수요는 급감소하고 가격도 계속 내려갈 확률이 높다. 이런 이유에서 내 집 마련에 너무 집착하지는 않았으면 좋겠다.

앞으로 오를 확률이 낮은 집에 올인하고 대출금 갚느라 한평생을 바치는 일은 없어야 한다. 전세 값이 오르는 추세이긴 하지만 집을 사기보다 전세로 들어가는 것도 나쁘지 않다. 전세가는 매매가보다 싸기에 집값이 오르지 않는다는 가정하에서는 전세가 훨씬 유리하다. 지방의 경우 매매가의 70%선으로 전세가와 매매가 큰 차이가 나지 않기에 이사를 다녀야 하는 불편함 등을 고려해 자금적으로 여유가 있다면 집을 사는 것도 나쁘지는 않다. 반대로 강남지역의 경우 전세가가 매매가의 절반 이하이기에 집을 사는 것보다 전세로 들어가는 것이 훨씬 이득이다. 그리고 집을 보유하지 않기에 취등록세, 보유세 등 각종 세금을 물지 않아도 되기에 유리한 점이 많다.

그래도 2년마다 이사를 다니는 것이 싫다면 공공임대주택, 서울의 경우 시프트에 청약을 해보는 것도 좋다. 남의 눈치 안보고 내 집처럼 살 수 있고, 이 중에는 장기계약(10~20년)이 끝난 이후 시세보다 저렴하게 약 80% 정도 선에서 우선 매입할 수 있는 권

| 구 분 | 정의 |
|---|---|
| 공공임대주택 | 대사업자가 임대의무기간인 5년, 10년간 임대 후 분양전환해 입주자가 우선해 시세보다 저렴하게(약80%) 소유권을 이전받을 수 있는 임대주택 |
| 국민임대주택 | 일정소득수준 이하의 무주택 가구주에게 저렴한 임대조건으로 공급하며 공공임대주택과 달리 분양전환이 되지 않으며 공급평형은 14~20평 |
| 시프트 | 서울시와 SH공사가 중대형 평형을 전세시세의 80%이하로 최장 20년까지 내 집처럼 살 수 있도록 지은 아파트 |
| 반값아파트 | 아파트 건물에 대한 소유권을 넘어가되 토지에 대한 권리는 정부에서 관리를 하며, 해당하는 토지 점유에 대한 세금을 매달 납부하는 방식 |

리가 주어지는 것도 있다. 찾아보면 이렇게 좋은 조건의 집도 구할 수 있으니 너무 내 집 마련에 얽매여 무리하지 말고 자신의 경제수준에 맞게 집을 구했으면 한다. 그리고 남은 돈은 여유로운 노후를 대비할 수 있는 씨드머니(목돈)로 남겨 두어야 한다. 예전과 달리 이제는 예술도 길고, 인생도 긴 시대니까 말이다.

# 100% 만족하는
# 내 집 고르는 법

사회초년생 중에는 대학 때부터 자취를 해서 집 구하는 데 도가 튼 사람도 있겠지만 처음으로 집을 떠나 독립해서 사는 사람들도 꽤 있을 것이다. 아니면 대학 때 부모님이 집을 구해 줘서 계약부터 이사까지 아는 게 전혀 없는 사람도 있을 것이다. 이제 더 이상 어린애가 아니니 앞으로는 스스로 집을 구하면서 진정한 독립을 해보자.

전세나 보증금 규모가 좀 되는 전월세의 경우 계약을 하기 전에 등기부등본을 동사무소에 가서 꼭 떼어 봐야 한다. 주인이 그 집을 담보로 은행에서 대출을 받은 다음 전세로 놓은 것일 경우 집이 경매로 넘어가면 전세금을 다 날릴 수도 있으니 꼭 명심하길. 전세로 들어갈 때는 대출이 없는 깨끗한 집으로 들어가야 뒤탈이 없다.

보통 월세로 많이 들어가는 월세의 경우 일정 부분 보증금에 대해서 소액임대차보호법의 보호를 받을 수 있어서 보증금이 크지 않다면 대출을 받은 집이라도 상관없다. 경매로 넘어가더라도 낙찰받은 사람이 보증금을 물어주니까 세입자는 아무 상관이 없다. 그런데 이런 사실을 모르고 대출을 잔뜩 받은 원룸에 전세로 들어가거나 월세 보증금을 높게 잡아서 들어갔다가 경매로 넘어가게 되면 피눈물을 흘릴 수 있다. 이 부분은 보장을 받지 못하니까 꼼꼼히 따져보아야 한다. 부동산을 통해 계약을 해도 마찬가지다.

그리고 보증금 조절을 잘 해야 한다. 무턱대고 보증금이 낮다고 해서 좋은 것은 아니다. 통상 보증금 100만 원에 월세 1만 원으로 보증금이 조절되고 있는데 대출이 없는 집이라면 되도록 보증금을 높게 잡는 편이 유리하다. 방금 기준은 연 12% 이자에 해당하기 때문에 굳이 보증금을 마련할 돈이 있다면 비싼 월세를 낼 필요가 없다. 아니면 공무원이나 대기업, 전문직의 경우 저리로 신용대출, 공제회 대출이 연 6% 이율에 가능하므로 대출을 받아서 보증금을 늘리는 것이 더 이득이라고 볼 수 있다. 그리고 요새 월세로 집으로 구한 뒤 전세를 놓고 보증금을 갖고 도망치는 신종사기가 기승을 부리므로 전세를 구할 때는 복비를 좀 주더라도 부동산을 통해 계약하는 것이 좋다.

다음은 위치! 대중교통이 편리해야 한다. 월세 조금 아끼려고 지하철 또는 버스 정류장이 먼 곳으로 갔다가 택시비가 더 나올 수 있다. 경험에서 나오는 말이니까 명심하길 바란다. 차가 있는 사람이어도 기왕이면 대중교통이 편한 곳에 위치하는 것이 좋다. 직장생활을 하게 되면 원치 않게 대리운전을 많이 부르게 되는데 대중교통이 편하면 굳이 이런 돈을 쓰지 않아도 된다. 다음 날 아침에 대중교통으로 출근하면 간단하게 끝난다. 그리고 주변에 주차공간이 여유가 있는지를 확인하는 것이 좋다. 근처에 월주차를 하게 되면 그만큼 월세가 더 나간다고 봐야 한다.

그리고 남향! 남향이면 햇살이 잘 들어와 채광이 좋아서 곰팡이가 잘 생기지 않고, 여름에는 남동풍을 받아 바람이 잘 들어오며 겨울에는 낮에 햇살이 잘 들어와 난방비가 적게 든다. 그래서 전통적으로 남향을 선호한다. 굳이 남향이 아니더라도 동남향 또는 동향도 괜찮다. 아침햇살을 느낄 수 있고, 남향 다음으로 채광이 좋은 편이다. 반대로 서향과 북향은 채광이 좋지 않아 낮에도 집이 어둑하고, 통풍이 안 돼서 여름에 창문을 열어도 덥고, 곰팡이도 잘 생기고, 겨울에는 난방비가 많이 든다. 집을 보러갈 때 나침반 하나 들고 가서 남향인지 확인하고, 창문을 열어 봐서 통풍이 얼마나 잘 되는지도 한번 체크해보는 것이 좋다.

　층수는 1층과 옥상층이 좋지 않고, 중간층이 좋다. 1층은 땅의 습기가 올라와서 여름에 곰팡이가 생길 수 있고, 겨울에는 한기가 올라와서 난방비가 많이 든다. 그리고 창밖에서 집 내부가 보일 수 있어서 사생활 침해가 된다. 거동이 불편한 사람이 아니라면, 다른 층에 비해 싸더라도 1층은 되도록 피하는 편이 좋다. 옥상층의 경우 전망이 좋고 위층 소음이 없으며, 다른 건물에서 내부를 보기도 쉽지 않아서 경우에 따라서는 옥상층이 로얄층인 곳도 있다. 하지만 살아 본 결과 여름에는 태양열을 옥상에서 그대로 받아 에어컨이 없으면 견디기가 힘들고, 겨울에도 한기가 내려와 난방비가 꽤 나온다. 중간층은 위층, 아래층만 잘 만나면 열전도 효과 때문에 겨울에 난방비가 적게 나올 수 있다. 예전에 24평형 아파트 중간층에 살 때였다. 한겨울임에도 불구하고 난방비가 5천 원도 안 나왔다. 그런데 옥상층에 살 때는 평수가 더 작았는데도 난방비가 10만 원이 넘게 나왔다.

　일반주택의 경우, 아파트보다 이런 경향이 더 심하다. 단열재에 문제가 있는 등 열차단에 문제가 있는 경우가 많다. 1층에 살면 보일러를 끄는 순간 온기가 바로 사라져 항상 전기장판 위에서 장갑을 끼고 살았던 적도 있었다. 겨울에는 춥고, 여름에는 덥고 습해 곰팡이도 잘 생긴다. 월세 조금 더 아끼려다가 고생해본 결과다.

그 외에도 보일러는 잘 작동되는지, 온수는 잘 나오는지, 수도
는 세게 잘 나오는지, 변기물은 시원하게 내려가는지, 하수구가
막히거나 역류하지는 않는지, 샤워부스 위치가 불편하게 설치되
어 있지는 않은지, 방충망은 잘 되어 있는지, 곰팡이가 있거나 곰
팡이 냄새 또는 악취가 나지는 않는지 등 꼼꼼히 체크해야 한다.

이 밖에 꼼꼼하게 체크해야 할 부분이 많다. 집을 구할 때는 싼
가격과 옵션에 현혹되지 말고, 가장 기본적인 난방, 채광, 상하수
도, 위치 등에 포커스를 맞추고 구하길 바란다.

# 전세자금대출 똑똑하게 이용하자

앞에서도 말했듯이 월세보다는 전세가 더 이익이다. 그런데 전세금을 어디서 구할지 몰라 결국 비싼 월세를 내며 원룸 등에 살고 있는 경우가 많다. 예를 들어 1000/45만 원인 원룸에 살고 있다고 보았을 경우 연 6% 이자로 치면 전세 1억짜리에 살고 있는 것과 같다. 나라면 그 비싼 돈 주고 원룸에 사느니 1억 이하의 전세를 구해 살 것이다.

전세금의 경우 확정일자 등을 받은 뒤, 떼일 염려가 없다면 집주인의 동의를 받아 전세자금대출을 받는 편이 월세보다 훨씬 더 유리하다. 집 주인에게 피해가 가는 것이 전혀 아니기 때문에 잘 설명하면 된다. 그리고 전세금에 담보를 잡고 빌려주는 것이기 때문에 금리도 신용대출에 비해 저렴하다.

전세자금대출에는 2가지가 있다. 하나는 정부지원대출이고 다른 하나는 일반대출이다. 정부지원대출을 받으려면 무주택세대주로 6개월 이상 되었고, 만35세 이상 또는 만20세 이하로 만60세이상의 부양가족이 있거나 두 달 내로 결혼하거나 결혼한 사람, 연소득이 3,000만 원(신혼부부 3,500만 원)이하의 경우에 자격이된다. 전세금의 70%까지 가능하고 직장 또는 신용에 따라서 최대 8,000만 원까지 연 4% 금리로 대출을 받을 수 있다.

25평형이 넘는 집을 전세로 구하거나 위의 조건에 해당이 되지않는 사람의 경우 일반전세대출을 받아야 한다. 어차피 담보대출이기에 정부지원대출보다는 조금 높지만 그래도 신용대출보다는훨씬 낮은 금리로 빌릴 수가 있다. 대략 연소득의 2배까지 가능하지만 집을 구하기 전에 얼마까지 대출이 가능한지 조회를 해보는것이 좋다.

공무원 또는 전문직, 대기업 종사자의 경우 전세자금의 70%를대출로 빌리고 남은 30%는 그동안 모은 돈 또는 모은 돈이 없다면 직장대출, 신용대출 또는 공제회 대출을 이용해도 약 6%의 저금리로 빌려서 메울 수도 있다.

아니면 직장에 따라서 전세주택을 구하면 약 2~3,000만 원 정도의 무이자대출을 해주는 곳도 있다. 직장의 혜택을 챙길 수 있으면 최대한 챙기자. 3,000만 원이면 연 6% 이자 기준으로 월 15만 원에 해당하는 절감효과를 볼 수 있으니 상당히 좋은 제도다.

만약 지방에 살고 있을 경우 특히 군, 면 단위에 전세를 구하려고 하는 경우에는 거래가 활발하지 못해서 구하기도 쉽지 않고 나중에 다른 곳으로 빠져나올 때도 들어올 사람을 구하지 못해 애가 탈 수도 있다. 이럴 경우 전세금을 돌려받지 못해 꼬이는 경우가 있으므로 군, 면 단위의 집을 구할 때는 가장 거래가 활발한 아파트 또는 보증금이 낮아 만약을 대비할 수 있는 집으로 계약을 해서 차후에 대비하자.

# 결혼비용은 얼마든지 줄일 수 있다

점점 더 멀어져간다

머물러 있는 청춘인 줄 알았는데

(…)

조금씩 잊혀져간다

머물러 있는 사랑인 줄 알았는데

(…)

또 하루 멀어져간다

매일 이별하며 살고 있구나

매일 이별하며 살고 있구나

김광석, 〈서른즈음에〉

참 들으면 들을수록 가슴 한켠이 찡해지는 노래다. 실제로 서른 무렵 결혼할 사람은 있는데 가진 돈은 없고, 자꾸 이렇게 시간만 흘려 보내다가 소중한 사람을 떠나 보낼까 걱정되고, 그래도 한 번 뿐인 결혼식인데 대충할 수는 없고, 부모님께 손을 빌릴 형편은 못되고, 그러는 중에 해는 또 바뀌고…… 이런 고민을 하고 있지 않는가?

'남자는 집, 여자는 혼수'라는 고정관념이 많이 약해지기는 했어도 결혼에 드는 비용은 점점 더 많이 들어가는 세상이다. 20대에 재테크를 해야 하는 목적이 여기에서부터 시작된다. 돈 안 들이고 집을 구하고 결혼을 할 수 있다면 재테크 자체를 안하고 살아도 될지도 모른다. 갓 취업했을 뿐인데 몇 년 안에 저 큰돈을 마련한다는 것이 너무도 버겁고 힘들다.

예전에 남자가 아파트 하나는 장만해 놓아야 결혼을 할 것 아니냐는 말에 깊은 상처를 받고 슬퍼하던 적이 있었다. 대체 자기 능력으로 아파트를 장만하는 사람은 몇이나 될까? 다들 그렇게 아파트를 살 정도로 대단한 건가? 많이 고민하고 많이 괴로워했다.

하지만 산술적으로 보통 직장인 월급으로 아파트를 총각 때 산다는 건 거의 불가능하다. 대출을 잔뜩 받아서 산다면 모를까. 지방의 작은 아파트라면 모를까. 손을 빌릴 부모님도 없는 사람들은 어떻게 하라는 것인지. 남자의 어깨가 무거워지는 첫 순간이다.

여자도 갈수록 높아지는 혼수비용 때문에 허리가 휘는 것은 마찬가지다. 요즘 백화점 가면 좋은 에어컨, TV가 500만 원이나 한다. 꼭 이렇게 무리를 해서까지 성대한 결혼을 치러야 할까? 최대한 비용을 줄이고 그 돈으로 노후를 대비하는 목돈을 마련하는 것이 낫지 않을까?

결혼을 생각하고 있다면 예비 배우자와 같이 결혼박람회에 먼저 가 볼 것을 권유한다. 결혼비용에 대해 대략적인 예산을 짤 수 있고, 반값할인 등의 이벤트도 하기 때문에 의외의 수확을 거둘 수도 있다.

결혼에 들어가는 돈은 주로 예식장, 웨딩패키지, 한복, 앨범, 허니문, 혼수, 예단, 예물 정도로 나눌 수 있다. 성수기인 3~5월, 9~11월을 피해 1~2월, 7~8월 비수기를 이용하면 식장, 허니문, 웨딩촬영비용을 대폭 낮출 수 있다. 공무원일 경우에는 공제회 건물을 이용하는 방법이 있다. 주로 교통요지에 위치해서 멀리서도 기차나 고속버스를 통해 찾아오기도 쉽고, 가격도 저렴하다. 종교건물을 빌리는 방법도 있고, 요새는 스쿨웨딩이라고 휴일에 쉬는 학교강당을 저렴하게 빌려서 하는 방법도 나오고 있다. 비용을 줄이려고 찾아보면 이 외에도 여러 가지 방법들이 있으니 발로 뛰고 분주히 검색하며 찾아보기 바란다. 혼수(가전, 가구)의 경우, 비싼 물건은 구입하고 소형 가전 등은 선물로 받아 비용을 줄이거나 한

**〈알뜰한 신혼부부를 위한 결혼 예상비용〉**

단위 : 만 원

| 구 분 | 비용 | 비 고 |
|---|---|---|
| 상견례 | 18 | 6인 기준 |
| 청첩장 | 11 | 300매 기준 |
| 웨딩서비스 | 160 | 식장대관료, 촬영, 드레스, 턱시도, 헤어, 메이크업 등 |
| 예물세트 | 90 | 커플링 외 1종 |
| 한복대여 | 20 | 신랑, 신부 외 2벌 |
| 예복 | 80 | 신랑양복, 구두 신부한복 |
| 침대 | 100 | 인터넷구매 |
| 냉장고 | 70 | 인터넷구매 |
| TV | 80 | 인터넷구매(다이포함) |
| 식탁 | 15 | 인터넷구매(아일랜드 식탁, 의자) |
| 가구 | 20 | 화장대, 책꽂이 등 |
| 주방용품 | 50 | 인터넷구매 |
| 신혼여행 | 150 | 세부(항공, 숙박, 스킨스쿠버, 기념품)-2인 |
| 식 대 | 750 | 1인 2.5만 원, 300명 |
| 뒷풀이 | 50 | 축가, 반주, 예도 비용 |
| 기타 | 20 | |
| 계 | 1,684 | |

업체에서 일괄구매를 통해서 가격을 더 낮추는 방법도 있다. 그리고 가구는 가구단지(일산, 아현동)에 가면 브랜드 제품을 저렴하게 구입할 수 있다. 굳이 침대 외에는 비싼 가구를 꼭 살 이유는 없다. 티도 별로 안 나는 것에까지 허세를 부릴 필요는 없다. 허니문은 3~6개월 전에 미리 예약을 하면 많은 할인혜택을 받을 수 있

으니 미리 준비해 두자.

한 번뿐인 결혼이기에 더욱 소중한 사람에게 성대하게 해 주고 싶은 마음은 알지만 한 번뿐인 인생이기에 사랑하는 사람의 미래와 노후를 더욱 든든하게 준비하는 것이 더 낫지 않을까?

# 연말정산으로
# 13월의 월급받기

연말이 되면 직장에서 볼 수 있는 진풍경이 있다. 크리스마스 또는 새해맞이, 이런 풍경이 아니라 다들 회계사가 되어 한 푼이라도 세금을 더 돌려받기 위해서 머리를 쥐어짜고 있는 풍경이다. 예전에 괜히 직장에서 연말정산에 대해서 이야기했다가 수많은 상사들의 연말정산을 대신 해 주었던 안 좋은 기억이 있다.

연말정산 잘만 하면 진짜 13월의 월급이 될 수 있다. 반대로 제대로 안 하고 그냥 넘기면 엉뚱하게도 내 돈 큰 거 한 장을 국고로 환수하는 애국자가 될 수도 있다. 남의 얘기가 아니다. 누구는 큰 거 한 장을 돌려받고 누구는 큰 거 한 장 더 내고 이러면 은근히, 아니 대놓고 배가 아프다. 연말정산 어디까지 돌려받을 수 있을까?

대다수의 선진국이 그렇지만 우리나라도 소득수준이 높을수록 소득세율이 높아지는 누진세를 적용하고 있다. 예를 들어 과세표준 소득이 1,200만 원 이하는 소득세율이 6.6%, 1,200만 원에서 4,600만 원 사이는 16.5%, 4,600만 원에서 8,800만 원 사이는 26.4%를 부과하고 있다. 이 소득세율을 떨어뜨리면 연말정산시 더 큰돈을 돌려받을 수 있다는 뜻이다.

예전에는 필요서류를 일일이 다 챙기느라 고생했지만 이제는 연말정산간소화서비스(http://www.yesone.go.kr) 홈페이지에서 금융기관에서 내가 돈을 쓴 내역(보험료, 의료비, 교육비, 주택자금상환금액, 저축 및 연금 납입금액, 카드사용금액, 기부금액 등)을 따로 증빙자료를 모아 둘 필요 없이 한번에 챙길 수가 있다. 단, 공인인증서가 필요하니 없는 사람들은 미리 만들어 두기를 바란다.

작년과 달라진 내용을 중심으로 보면 먼저 인적공제가 있다. 부양부모가 있고, 배우자, 자녀까지 다 포함시키면 인적공제가 가장 공제가 공제가 큰 부분이다. 올해부터 자녀가 2명부터는 50만 원에서 100만 원으로 늘었고, 3명일 경우 300만 원, 4명일 경우 500만 원의 공제혜택을 볼 수 있다. 또한 기존 월세공제 제출서류가 간소화되었다. 집 주인이 확인해 줘야 하는 '주택자금상환증명서' 때문에 그동안 집 주인과 갈등이 있을 수 있었는데 이제는 임대차계약서, 등본, 무통장입금증 등 월세를 냈다는 증빙만 있으면 집 주인의 확인 없이 월세액에 대해서 공제를 받을 수 있다.

주택자금공제 조건도 완화되어 연간 총급여가 5,000만 원 이하인 사람은 3억 원 이하의 국민주택에 저당권을 설정하고 만기 15년 이상 장기대출을 받는다면 1년 대출이자 1,000만 원 한도 내에서 공제가 가능하다. 기존에는 총급여가 3,000만 원 이하여서 해당자가 적었으나 조건이 완화되면서 꽤 많은 수혜자가 나올 것으로 보인다.

퇴직연금 및 연금저축에 대한 소득공제도 연 300만 원에서 400만 원으로 확대되었다. 이 부분의 공제액도 적지 않기에 욕심이 나지만 젊은 층에게는 별로 추천하지 않는다. 젊은 층은 소득이 얼마 되지 않아 공제를 충분히 받은 경우가 대부분이라 굳이 소득공제 관련 연금 및 저축에 들어도 별로 이득이 없다. 그리고 그 돈은 장기적으로 묶여버리는 돈이기에 앞으로 3년, 5년, 7년 뒤를 준비해야 하는 사람들에게는 굳이 추천하고 싶지 않다. 만약에 소득공제를 받고 있더라도 10년을 넘기지 않고 중도해지한 경우에는 그동안 소득공제를 받았던 부분도 다 토해내야 한다는 점이 있으니 이미 꽤 공제혜택을 받은 사람이라면 해지하는 것은 한번 더 생각해보는 것이 좋을 듯하다.

또한 지정기부금의 공제한도가 20%에서 30%로 늘어났다. 별로 체감을 못 할 수도 있겠지만 범위가 배우자, 직계비속에서 직계존속 및 형제자매까지 늘어났으니 이 부분에서 쏠쏠한 재미를 보는 사람도 나올 것이다.

그리고 가장 화두가 되었던 신용카드 공제가 20%에서 10%로 낮아질 전망이다. 그동안 총급여액의 25% 초과 금액에 대해 사용액의 20%를 300만 원 한도까지 공제를 해 주었다. 거꾸로 계산해보면 300만 원 한도를 받으려면 총급여액이 4,000만 원인 사람은 카드를 2,500만 원어치를 긁어야 한다는 뜻이다. 체크카드의 경우 공제율이 30% 그대로 유지되기 때문에 이제 체크카드와 신용카드의 소득공제 혜택은 큰 폭으로 벌어질 전망이다. 그렇기 때문에이제는 신용카드 대신 체크카드를 적극적으로 쓸 때이다. 그 외에 교육비, 의료비, 보험비 등 하나도 남김없이 야무지게 공제받아서 과세표준금액을 계속 떨어뜨려야 한다.

겨울만 되면 참 춥다. 연말연시다, 크리스마스다, 송년회다, 돈 쓸 곳은 넘쳐나는데 지갑은 점점 얇아지니 추울 수밖에 없다. 이번 연말정산에는 내가 쓴 만큼 돌려받을 금액을 한 푼도 놓치지 말고 다 돌려받아서 부모님께 따뜻한 장갑이라도 하나 선물해드리자.

# 어떻게
# 저축할 것인가

## Episode 4

오늘은 민구 씨네 회사 직원 몇 분이 정년퇴직을 맞이해 조촐한 환송회가 있는 날이다. 민구 씨를 평소에 괴롭혔던(?) 김 부장도 오늘을 마지막으로 오랜 회사생활을 마치게 되었다. 그렇게 깐깐하고 서릿발 같던 김 부장도 고별 건배제의를 하면서만큼은 눈물을 글썽였다. 30년이 넘은 직장생활이 주마등처럼 스쳐가는 모양이었다.

"부장님 한잔 드리겠습니다. 그동안 수고 많이 하셨습니다."

"오, 민구 씨, 민구 씨도 수고 많았어…… 나 때문에 고생 많았지?"

"에이, 아닙니다. 부장님 덕분에 제가 일 많이 배웠지 않습니까?"

아버지뻘인 김 부장의 퇴직에 민구 씨도 왠지 모를 아쉬움에 김 부장 옆에서 소주 한잔하며 이런저런 속이야기를 하게 되었다.

"그런데 부장님 이제 퇴직하시면 뭐 하실 겁니까?"

"하하, 일단 늦잠도 좀 자고 여행도 좀 다니면서 즐겨 보려고."

김 부장의 표정이 다소 어두워지는 것을 민구 씨는 놓치지 않았다.

"부장님은 그래도 노후대비자금 많이 모아놓으셨지요?"

"…… 이 사람! 이런 날에 무슨 그런 소리를 하나? 자 한잔 하게!"

"아 네 죄송합니다. 부장님 제가 요새 공부하는 게 있어서……"

소주 한잔을 쭉 들이키며 김 부장은 민구 씨를 게슴츠레 쳐다보았다.

"공부 좋지! 재테크 공부하나?"

"어떻게 아셨어요?"

"젊은 사람을 노후대비자금까지 궁금하게 만드는 공부는 재테크 공부밖에 더 있겠나? 재테크 공부는 기본기부터 확실히 해놔야 해…… 아니면 재미 못 봐."

민구 씨는 김 부장의 말에 쓴 소주를 한잔 들이켰다.

회식을 마치고 집으로 가는 길, 갑작스러운 김 부장의 제안에 민구 씨는 엉겁결에 같이 한강고수부지를 걷게 되었다.

"민구 씨는 앞으로 크게 될 거야. 꼭 열심히 해서 임원까지 올라가게."

"아이고, 더 열심히 해야지요. 부장님."

김 부장은 주머니에서 담배 하나를 꺼내 물었다.

"그동안 이 회사에서 근무하면서 결혼도 하고 자식도 키우고 말일세……"

"고생 많이 하셨습니다. 부장님."

"그래…… 고생 많이 했지. 많이 했어…… 회사에서 더러운 꼴 비참한 꼴 다 봐 가며 집에 있는 자식놈들만 보고 열심히 일했지. 그런데 말야…… 나이가 들어서 그런지…… 뭔가 서운한 생각이 많이 드네. 과연 나는 내 인생의 행복을 위해 얼마나 노력을 했나 하는 생각."

김 부장의 표정은 왠지 쓸쓸했다.

"부장님 그래도 자식들은 다 훌륭하게 키우셨지 않습니까?"

"그래 그건 맞아 그런데…… 그건 자식들 인생이지 않은가? 내 인생 말이야."

사실 김 부장은 별다른 취미도 없이 사내에서 일벌레로 소문난 사람이었다. 회사를 위한 자리면 술이면 술, 야근이면 야근, 출장이면 출장, 모두 피하지 않고 거침없이 자신의 몸을 바친 사람이었다.

김 부장은 담배 연기 한 모금을 내뿜으면서 말을 이어갔다.

"이제 막상 회사를 나오고 보니, 모아 놓은 노후자금이 있긴 해도 이걸로 여생을 살아갈 수는 있지만 즐기면서 살 수 있을 것 같진 않아. 하루하루 여생을 보내는 것밖엔……결국 남은 건 몇 푼 안 되는 연금이랑 퇴직금뿐일세…… 아까 자네에게 재테크 공부 열심히 하라고 했지? 다 이유가 있다고! 나는 그냥 열심히 일하고 모으면 되는 줄 알았어."

김 부장은 무언가 후회가 많이 남는 표정이었다. 민구 씨에게 그렇게 강하고 높게만 느껴졌던 김 부장이 이렇게 약하고 초라해 보이기는 처음이었다.

"앞만 보고 정신없이 달려가다 결국 이렇게 타인을 위한 삶……자기 옷 점퍼 하나 살 때는 벌벌 떨다가 자식들 비싼 과외비는 척척 내 주는 부모의 삶…… 승진을 위해 주말도 없이 격무에 시달리다 건강을 망치는 삶…… 설령 그렇게 살더라도 은퇴 후에는 정말 폼 나게 살 수 있어야 하는데……그것도 여의치 않다면 과연 그 인생은 누구를 위한 인생이냐는 말일세."

김 부장과 헤어져 돌아오는 길, 민구 씨는 자신의 미래가 눈앞에 비디오처럼 펼쳐지는 것 같았다.

'나에게는 어떤 인생이 펼쳐질까? 회사에서 힘들게 일하다 은퇴하고 결국 이렇게 되어버리는 걸까? 누가 내 은퇴 후를 책임져 주지?'

# 연금은 당신을
# 책임져 주지 않는다

노후준비가 되어 있냐는 물음에 대부분 사람들은 연금이 있으니까, 퇴직금이 있으니까, 공제회에 넣은 돈이 있으니까 하면서 노후에 대해 크게 신경을 쓰지 않는다. 걱정이 되기는 하지만 당장의 문제가 아니기 때문에 막연하게만 생각하고 그냥 대충 준비하는 경향이 있다.

물론 연금 수령을 하는 사람들 보면 문제가 없어 보이니 연금만 있으면 생활이 될 것 같다는 생각이 들 것이다. 하지만 연금을 넣는 기간은 30~40년이고 불입액은 차차 증가해서 10~35만 원 정도다. 그리고 연금수혜기간은 군인을 제외하고 65세부터 연금을 받을 수 있다. 받는 금액은 불입기간에 따라 다르지만 예상 수령액은 공무원연금은 약 150만 원 정도, 국민연금은 그 절반 정도로 추정되고 있다. 연금법이 개정되면서 내는 금액은 더 커지고 받는 금액은 더 적어졌다. 그리고 평균수명은 머지 않아 100세 정도로 늘어나 있을 것이다. 이 수령액에 세금 떼고 나면 실수령액은 더 줄어들 것이다. 그런데 문제는 연금이 계속 적자를 보고 있다는 것이다. 구조상 조금 내고 많이 받게 되다보니 적자가 날 수 밖에 없는 구조다. 이를 해결하기 위해서는 연금운용규정을 조절해서 고수익을 추구하든가 아니면 좀 더 개정해서 더 내고 덜 받는 구조로 가든가 해야 한다. 그렇지 않으면 적자가 더 심해져 뒷 세대가 연금을 못 받는 일이 발생할 수도 있다. 실제로 우리나라뿐만 아니라 미국에서도 연금이 고갈될 위기를 수차례 겪었다. 연금 고갈은 태생적 한계인지도 모른다.

하지만 그렇다고 해서 또 개정을 하면 반발이 거셀 것이 틀림없으며 인플레이션을 크게 일으켜서 실수령액의 가치를 떨어뜨릴 수도 있다. 그렇게 되면 연금 측의 잘못이 아니니 반발도 적을 것이다. 그렇게 되면 실제로 받는 연금 수령액 150만 원 또는 75만 원의 가치는 지금보다 훨씬 더 떨어질 수도 있다. 라면이 1개에 만 원 한다면 전혀 연금에 가입한 의미가 없어질 수도 있다. 즉, 간신히 생계유지만 하는 정도가 될지도 모른다는 이야기다. 그보다 더 나쁜 시나리오로 갈 수도 있다. 그렇기 때문에 연금도 고수익을 내기 위해서 주식 등에 적극적으로 투자를 하고 있는 중이다. 연금운용이 잘 돼서 모두가 연금으로 노후를 보장받았으면 하지만 나 스스로도 만약을 대비하는 것이 좋지 않을까?

게다가 '오륙도' '사오정' '삼팔선'까지 내려온 시대에서 무방비로 있으면 평생 후회하지 않을까? 세상은 어떻게 한순간에 바뀔지 모르니 벌고 있을 때 미리 준비를 차곡차곡 해 놓아야 한다. 유비무환!

# 개인연금의 함정

한 지인의 이야기를 들어 보자. 이 분은 월급의 절반을 연금저축, 연금보험 등 온갖 저축보험에 돈을 넣고 있다. 그렇기 때문에 자신의 노후는 든든하다고 말하는데 보험으로 수익을 낸다는 것 자체가 참 모순이지 않은가? 연 5.1%의 금리를 준다며 좋아하던데 저번에도 말했듯이 연 5.1%에 복리로 비과세라고 해도 20년 뒤에 2.7배밖에 안 한다. 20년 뒤의 물가는 그보다 더 높이 상승해 있을 텐데 말이다. 5%대 수익률은 돈을 모으는 방어적인 성격이지 적극적으로 노년에 대비할 수 있는 공격적인 투자방법이 아니다. 게다가 5.1%라는 금리가 확정적인 금리도 아니다. 보험약관을 보면 낸 돈의 일부는 보험비로 떼어 가고 나머지만 투자를 해서 수익을 내며, 금리하락 시 최저 2%까지 내려갈 수 있다고 쓰여 있다. 연 2%면 거치식으로 해도 20년 뒤에 1.48배밖에 되지 않는다. 저번에 배운 코스톨라니 모형대로 금리상승기와 금리하락기에 적절하게 투자하면 더 높은 수익을 얻을 수 있는데 금리가 올라도 물가상승률 정도이고 금리가 하락하면 그만큼 이자가 떨어지는데 왜 굳이 돈을 한동안 쓸 수 없는 곳에 묶어두는 것인지 모르겠다.

국민연금은 참 좋은 복지제도다. 벌고 있을 때 강제징수를 함으로써 노후를 보장해 주겠다는 국가의 의지가 들어 있고, 그것으로 어떤 이득을 취하지 않고 오로지 국민을 위해 쓰여진 연금이기에 참 괜찮은 것 같다. 하지만 보험사에서 팔고 있는 저축연금, 저축보험, 연금보험 등은 말로는 연금처럼 말하지만 실제로 그 혜택은 국민연금만 못하다. 바나나우유에 바나나가 들어가지 않은 것과 똑같다. 자기자본의 적자까지 보면서 고갈위험성이 느껴질 정도로 회사의 이익을 희생하면서까지 적게 받고 많이 주는 보험사로 국민연금만 한 곳이 있을까?

개인연금은 이름만 연금이지 실제로는 적금과 비슷하다. 단지 장기적금 성격이 있다 보니 소득공제 또는 비과세 혜택이 있을 뿐 내가 덜 내고 더 받는 구조는 절대 아니다. 그런데 전화 또는 방문판매를 통해 잘 모르는 사람들에게 가입을 강요하는 것을 보면 화가 난다. 얼마나 마진이 남으면 그렇게 판매에 열을 올릴까? 내가 왜 이렇게 반대를 하는지 확인하고 싶으면 가입 후 몇 달 후에 해지한다고 전화를 해보자. 아마 돌려받을 수 있는 돈이 한 푼도 없으며 몇 년은 되어야 원금을 찾을 수 있다는 답변을 듣게 될 것이다. 그리고 오히려 해지하지 않고 강제로 저축할 수 있으니 장기적으로 보면 참 도움이 된다며 계속 불입할 것을 권유할 것이다. 그런데 내가 낸 돈이 초기에는 보험료로 들어간다는 것이 억울하지 않는가? 보험이라고 해봤자 아주 큰 상해로 사망하는 경우에 한해서만 약간의 보상금이 나오는 정도이고 실제로는 원금을 찾기 전까지는 보험사에게 내 돈을 갖다 바친 후 그 이후에나 원금을 건지고 20년 만기를 채워야 겨우 약속한 이자를 받을 수 있는 구조인데 왜 가입을 하는지 모르겠다. 그렇다고 이자가 엄청 높은 것도 아니고, 아무 때나 해지해도 원금과 최소한의 이자는 주는 저축은행 특판금리만도 못한 이자를 주는 보험에 돈을 넣는지 모르겠다.

그래도 개인연금에 이미 가입한 지 시간이 좀 되었다면 해지하는 것보다는 그냥 쭉 유지하는 편이 더 낫다. 개인연금은 연금저축과 연금보험으로 나뉘는데 연금저축의 경우 연 400만 원까지 소득공제가 가능하다. 그렇기 때문에 소득공제 효과를 보려고 가입하는 경우도 많다. 20년까지 들고 갈 자금이라면 연금저축에

〈개인연금 비교〉

| 종 류 | 연금저축 | 연금보험 |
|---|---|---|
| 이자소득세 | 비과세 | 비과세 |
| 소득공제 | 가능(연 400만 원) | 불가능 |
| 연금소득세 | 과세 | 비과세 |
| 금융소득종합과세 | 과세 | 비과세 |

가입하는 것도 안전자산에 투자했다 생각하고 저축하는 것이니 나쁘지 않다. 그런데 당장은 소득공제 효과를 볼 수는 있지만 연금저축은 나중에 연금소득세 과세대상이 되기 때문에 연금수령액이 큰 공무원의 경우에는 퇴직 후 받는 공무원연금과 연금저축 수령액이 합쳐져서 금융소득종합과세 대상이 됨에 따라 더 높은 누진세를 물게 된다. 그리고 소득공제효과 자체도 연봉이 5천만 원 아래일 경우 연말정산 공제를 이것저것 받다 보면 이미 과세표준이 최저구간으로 상당히 떨어뜨린 상태이기 때문에 연금저축으로 받는 소득공제 효과도 얼마 되지 않을 수가 있다. 그래도 정 하고 싶다면 이자소득세 및 금융소득종합과세에서 비과세 효과가 있는 연금보험을 하는 것이 낫다. 단, 20년간 해지하지 않을 자신이 있을 경우에만 말이다. 그런데 이 연금보험은 소득공제 효과가 없으니 참고하길 바란다.

# 적금도 중요하지만 적금 이후가 더 중요하다

재테크 초기에는 목돈을 모아야 하는 만큼 적금이 정말 중요하다. 최소한의 목돈이 있어야 이를 바탕으로 투자가 가능하다. 여기서 말하는 적금은 다달이 모은 돈을 가리키며 이자를 얻을 수 있는 모든 수단이다. 즉, 목돈을 모을 때까지 1~2년 동안 강제로 돈을 저축함으로써 쓸데없는 낭비를 방지하기 위한 것이다. 초기에는 이래야 돈이 모이고 절약하는 습관을 기를 수 있다.

적금의 종류로는 다달이 넣는 정기적금, 한번에 넣는 정기예금, 주택청약통장, ELS 등이 있다. 앞에서도 말했지만 적금이자로는 물가상승률을 이길 수가 없다. 단지 돈을 저장하는 금고의 역할을 할 뿐이다. 이래서는 부자가 될 수가 없다. 펀드, ELS, ELD 등을 가입해서 수익률을 높일 필요가 있다. 그래야 목돈이 더 빨리 모이고, 경제에 대한 공부도 할 수 있다.

정기적금은 1년, 3년, 5년짜리가 있는데 1년짜리 정기적금이 가장 이율이 낮다. 그래도 1년짜리를 하는 것이 기간이 긴 적금을 들었다가 해지하는 것보다 더 낫다. 목돈을 모으는 데 1~2년이면 충분하므로 기간이 긴 적금은 필요 없다. 그리고 이자를 가장 높게 주는 곳으로 가입을 하자. 가끔 은행 특판으로 5~6%를 주는 곳도 있고, 저축은행 등에 가면 6~7%를 주기도 한다. 어차피 가입할 때와 찾을 때 빼고는 발품 팔 일이 없으니 저축은행에 가서 가입을 하는 것도 나쁘지 않다. 요새 저축은행이 불안하다고는 하지만 5,000만 원 이하로는 예금자보호가 되니 걱정하지 않아도 된다.

그리고 주택청약통장은 꼭 하나 만들어 두자. 최소 월 2만 원부터 넣을 수 있고, 월 10만 원까지 소득공제 혜택을 받을 수 있다. 이 통장에 2년간 불입하면 이후 약 4%의 이자를 지급하고 주택청약 시 1순위가 된다. 당장은 필요를 못 느끼겠지만 나중에 공공임대주택 등을 분양받을 때 요긴하게 쓰이므로 기본적인 아이템으로 가지고 있어야 한다.

그리고 300만 원씩 목돈이 모일 때마다 3개월 또는 6개월마다 증권사의 ELS나 ELD에 가입하는 것을 추천한다. 종류에 따라 원금을 보장받으면서도 연 10~20%의 고수익을 낼 수도 있기 때문이다. 보통 KOSPI지수 또는 개별종목이 일정비율 이상 하락하지 않으면 10% ~ 20%의 이자를 제공하고 그렇지 않으면 원금만 돌려받는다. 원금을 보존하면서도 고수익을 낸다는 매력적인 장점 때문에 돈 모으는 재미를 느낄 수 있고, 목돈을 모으는 기간을 단축시킬 수가 있다. 단, KOSPI지수가 높거나 개별종목(삼성전자, POSCO, 현대차 등)이 최고점 부근에 있을 때는 오를 확률보다 떨어질 확률이 더 크기에 가입을 미루다가 이들이 충분히 떨어진 상태에서 가입을 하면 약정이자를 받을 확률이 더 높아진다.

적립식 펀드는 다달이 적금을 하듯 펀드를 하는 방법이다. 목돈을 모은다는 점에서 목적은 적금과 같지만 좀 더 적극적으

〈ELS 매수 적기〉

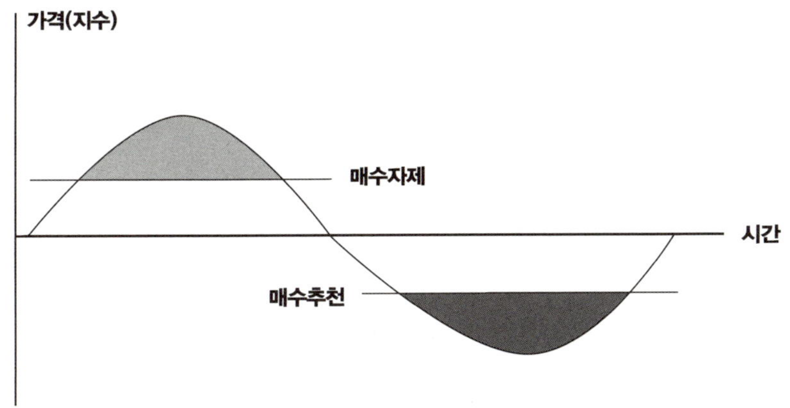

**〈ELS, ELD의 예〉**

| 종 류 | 투자유형 | 예상수익률 |
|---|---|---|
| 동양 MyStarELS 제1811호 | KOSPI1200, HSCEI | 13.5% |
| 미래에셋 ELS 제2806회 | KOSPI1200 | 20% |
| 동부HAPPY+ELS 695회 | KOSPI1200, SKT | 10% |
| 부자아빠ELS 제2239회 | 현대중공업, OCI | 30%(원금 비보장형) |
| 신한 세이프지수연동예금 범현대 11-14호 | 현대그룹지수 | 16.5% |

로 수익률을 올린다는 점이 다르다. 코스트 에버리징 효과(Cost Averaging, 평균매입단가 효과)로 가격이 올랐다 떨어졌다 하면 장기로 갈수록 매수가격이 낮아져 이익을 볼 수 있다. 단, 펀드는 가입 또는 해지 시 수수료가 있고, 운용보수를 잔고에서 연 1%가량을 가져가기 때문에 이익이 날 때는 잘 느끼지 못하다가 손해가 나면 운용보수 수수료가 얄밉게 느껴질 수도 있다. 펀드의 종류는 워낙 다양해서 자기가 잘 아는 분야나 자신 있는 분야에 투자할 수도 있다. 주식, 채권, 부동산, 원자재, 농산물, 금, 물, 미술, 영화 등 돈 되는 모든 것들이 펀드로 나와 있다고 보면 된다. 적립식 펀드는 들어갈 때보다 언제 팔고 나오느냐에 따라서 수익률이 달라지고, 거치식 펀드는 언제 들어가서 언제 나오느냐가 관건이다.

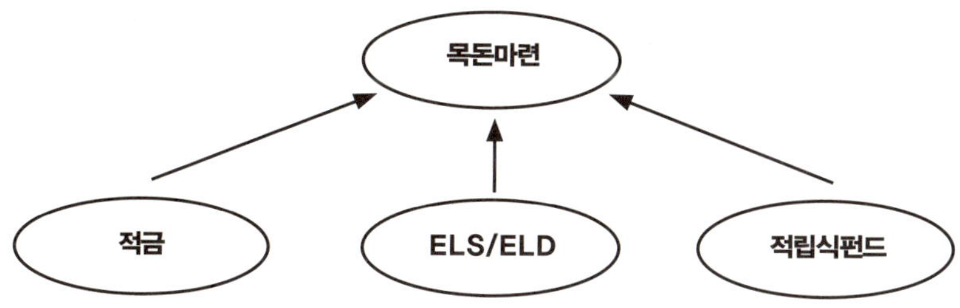


그리고 보통 가입 후 90일 이내에 해지를 하면 이익금의 70%를 패널티 수수료로 가져가니 웬만하면 90일 이상 유지하는 편이 좋다.

적금 또는 펀드를 가입할 때 주의할 점이 있다. 예를 들어 월 50만 원을 넣는다고 할 때 한 계좌에 넣지 말고, 10만 원씩 5개로 쪼개서 가입을 하면 나중에 필요한 돈만큼만 계좌를 해지할 수 있다. 200만 원이 필요해서 500만 원짜리 적금을 해지하면 300만 원어치의 이자를 손해 본다. 그리고 통장을 여러 개로 쪼개면 저축하는 재미도 나름 더 느낄 수 있다. 그리고 적금만 50만 원 하는 것보다는 적금 15만 원, 주택청약 5만 원, 주식펀드 10만 원, 농산물펀드 10만 원, 이런 식으로 분산해서 투자하는 편이 더 좋다. 이렇듯 다양한 금융상품을 투자해보면 재테크에 대한 안목을 기르는 데 좋은 공부가 될 것이다. 목돈이 마련되는 동안 무엇을 해야 할까? 공부를 해야 한다. 목돈이 모이는 순간 바로 실전투자에 투입할 수 있도록 단단히 준비를 하자.

이와 같이 적금은 직장인에게 필수적인 것이지만 적금의 편안함에는 빠지지 말아야 한다. 예를 하나 들어 보자. 지인 중에 CMA 마니아가 있는데 CMA에 매일매일 이자가 쌓이는 것을 보니 돈이 막 불어나는 게 피부로 느껴진다고 다른 곳에는 투자를 하지 않고 CMA에만 열중하는 사람이 있다. 월급통장도 CMA, 비상금통장도 CMA, 적금도 해지하면 이율이 얼마 안 된다고 CMA에 적금을 하고 있다. 이런 사람이 바보다. 당장 눈앞에 보이는 이자와 편안함과 나태함 때문에 그리고 적금이 제일 안전하다는 이유로 적금에서 더 이상 도약을 하지 못하고 여기에만 머무르는 것이다.

국가의 예금자보호라는 품 안에서 소중한 목돈을 만들었으면 이제는 독립을 해야 한다. 혼자 사냥도 해보고, 다른 경쟁자들과 영역 다툼도 해보고, 새로운 둥지도 찾으면서 적극적으로 위험을 즐겨야 하는 시기에 계속 품 안에만 있으면 더 이상 자랄 수가 없다. 그래서 적금만 하지 말고 펀드, ELS, ELD도 해보면서 세상에는 고수익을 내는 다양한 금융상품이 있다는 것을 알아야 한다. 이런 것이 있다는 것을 알아야 상상을 하고 상상을 해야 계획을 하고 실천을 한다. 예전에는 적금이자가 20%가 넘던 시절이 있었기 때문에 다른 재테크를 알 필요도 없었다. 하지만 물가상승률을 반영하면 적금이자가 제로인 현 상황에서는 고수익을 찾아 떠돌아다닐 수밖에 없다.

목돈이 어느 정도 모였을 때 적금을 떠나는 것이 좋을까? 5백만 원도 좋고 2천만 원도 좋지만 적금이나 ELS는 1년 만기를 채워야 하고, 투자를 제대로 하려면 최소한 1,000만 원 정도는 있어야 해볼 만하다. 따라서 최소 목돈은 1,000만 원 이상을 모아야 하고, 적금기간은 1년 이상을 추천한다. 매월 80만 원씩 1년만 하면 천만 원이니까 금방 목돈이 모이는 것을 확인할 수 있을 것이다. 한 달에 100만 원씩 모으고 연가보상비, 성과상여금을 합쳐서 1년에 1,500만 원을 모으는 것도 좋다. 목돈이 클수록 해볼 수 있는 재테크 범위가 넓어진다. 이때부터는 돈이 돈을 벌기 때문에 영업외 이익이 생기면서 순이익이 급성장하기 시작한다. 그날을 그리면서 1년만 '빡세게' 모아 보자.

# 월급통장의
# 최강자는?

월급통장을 아무 은행이나 사용하고 있는가? 왜 그럴까? 아무 생각 없이, 귀찮아서, 가까워서 등등 특별한 이유가 없는 경우가 대부분이다. 처음에 아무 생각 없이 만들었던 월급통장의 은행을 변경하자니 절차도 번거롭고 해서 별 이득이 없는데도 그냥 놔 두는 경우가 많다. 그래서 꼭 돈을 뽑아야 하는 순간 내가 사용하는 은행이 근처에 없거나 업무시간이 아니라서 어쩔 수 없이 수수료를 물어야 하는 상황이 발생하기도 한다. 그렇게 수수료로 낸 돈이 은행직원 한 달 월급 정도일지도 모른다. 월급통장 있냐고 물어 보면 아직도 그저 월급이 찍히는 통장이 월급통장인 줄 아는 순진한 사람들이 참 많다. 이래서 은행들이 아직도 먹고 산다.

당신이 갖고 있는 통장은 어떤 혜택이 있는가? 다달이 월급이 입금돼서 은행의 예치금을 높여 주는 단골 우수고객인데 어떤 혜택이든 받아야 하지 않을까? 단골 분식집에 가도 튀김 하나 더 얹어 주는 것이 인지상정인데 설마 야박하게 아무것도 없을까? 실제로 월급통장을 유치하기 위해서 은행 및 증권사들은 여러 혜택을 제공하고 있다. 단지 나는 그 혜택을 몰라서 못 받고 있었을 뿐이다.

우선 증권사 CMA는 매일매일 이자를 지급하기에 돈이 단기간만 머무는 통장에 적합하다. 월급이 들어오면 적금으로 돈이 빠져나가고 카드 값이 이체되는 날까지 돈이 잠시 머무르는 동안에도 이자가 나오니 조건이 좋은데 문제는 CMA의 이자율이 그리 높지 않고 우리의 월급도 얼마 되지 않아 실제로 그 이자가 얼마 되지가 않는다는 것이다. 그래도 증권사에서는 은행 고객을 증권사 CMA로 유도하기 위해 CMA를 월급통장으로 할 경우 이체수수료 할인 및 면제 혜택을 주고, 월 10만 원 이상 적립식 펀드를 가입할 경우에 추가 혜택을 주고 있다. 각 증권사마다 조금씩 혜택은 다르지만 대체로 수수료 혜택을 주고 있다.

잠시 수수료 혜택이 얼마나 큰 것인지 보자. 연 0.2% 추가금리 우대보다는 ATM기기 수수료 면제 혜택이 더 낫다. 지방의 B은행에 근무하는 지인에게 들은 이야기다. 지하철 1호선과 2호선이 만나는 최고 번화가에 L백화점 지하가 있다. 여기에 B은행 ATM 기기가 일렬로 쭉 늘어져 있는데 여기서 나오는 수수료가 이 은행을 먹여 살릴 정도라고 한다. 이 은행의 ATM기기는 이 도시 골목 골목마다 있어서 이 지역 사람들은 주로 이 은행을 이용한다. 아무튼 수수료를 계산해보면 영업외시간의 경우 5만 원을 뽑았을 때 수수료가 600원이 나오면 1.2%이자를 손해 본다. 그런데 타은행 ATM기기에서 뽑으면, 1,300원정도 수수료가 나오므로 5만 원을 뽑으면 2.6%의 이자를 손해 본다. 일주일에 두 번씩 돈을 뽑고 그중에 한 번은 타행 ATM기기로 돈을 뽑는다고 가정했을 때, 1년에 드는 수수료는 52×600 + 52×1300 = 98,800원이다. 연 4.9% 이자를 주는 200만 원짜리 정기예금에 넣어 두어야 이 돈을 벌 수 있다. 거기다가 각종회비, 모임비, 인터넷 쇼핑, 친구 또는 부모님께 돈을 이체하는 경우를 생각해보자. 타행이체를 하는 경우가 많은데 1주일에 한 번 정도 타행이체를 한다고 보면 연간 수수료는 1,300×52 = 67,600원이다. ATM수수료와 합치면 16만 원이 넘는다. 이는 4% 이자를 주는 정기예금에 400만 원을 넣어야 받는 이자와 같다. 수수료를 면제받는 것이 그만큼 이득이다.

일반적으로 월급통장을 만들면 이체수수료 또는 ATM수수료를 면제해 준다. 그래서 나는 이체수수료가 감면되는 월급통장을

H은행에서 만들고 월급통장이 아니어도 타행 ATM수수료를 면제해 주는 S은행 통장을 만들었다. 돈이 필요할 때 스마트폰 은행 어플리케이션으로 S은행 계좌로 이체를 한 후에 아무 은행 ATM 기기에서 인출을 해도 수수료가 하나도 들지 않는다. 어떤 월급통장의 경우 실제 월급이 아닌 특정일에 50만 원 이상씩 들어오거나 "급여"라는 글씨를 찍어 보내면 월급통장으로 쳐 주는 곳도 있다.

개인적으로 추천하는 통장은 S은행의 두OO통장이다. 입금한 뒤 31일간은 이율이 거의 없으나 이후에는 4.1% 181일 이후에는 3.3%의 이자를 제공한다. 자율입출금 통장임에도 CMA 이상의 고금리를 주고 있다. 이런 고금리 말고도 전국 모든 ATM기기(편의점 제외)에서 돈을 뽑아도 수수료가 없다는 점이 매력적이다. 다른 은행에도 수수료면제가 가능한 월급통장들이 꽤 많다. 그런데 금리가 생각만큼 높지 않다는 점이 조금 아쉽다.

CMA는 종금형 CMA가 사라지고 RP형 CMA가 주류를 이룬다. 예금자보호가 되지 않아 이론상으로는 원금손실이 발생할 가능성이 존재하기는 해도 실질적으로는 원금손실은 없다고 본다. CMA의 금리도 증권사마다 조금씩 다른데 이율은 그리 차이가 나지 않으므로 지점 수가 많거나 자신이 주로 사용하는 은행과 연계가 가능한 CMA로 가입하는 편이 낫다. CMA로 월급통장 설정이 가능하고, 신용카드 결제 및 각종요금 자동이체가 가능하니 CMA를 월급통장으로 만드는 방법도 괜찮은 방법 중 하나다. 여기에 펀드를 가입하면 출금수수료 및 이체수수료를 면제해 주는 곳도 있으니 잘 찾아보자.

● **추천하는 월급통장**(2012년 10월 기준)

▶ W은행 우리신세대통장

－ 만 18세부터 30세까지만 가입 가능하고 100만 원까지 연 4.1%금리적용, 10회에 한해 각종 수수료 면제(타행이체, 인터넷뱅킹, 텔레뱅킹), 신용 또는 체크카드로 월1회 이상 결제실적이 있어야 가능.

▶ N은행 채움스마티통장

－ 만14세부터 34세까지만 가입 가능하고 100만 원까지 연 4.5%금리적용, 인터넷, 모바일 타행이체 수수료, ATM수수료 면제, 타행 ATM수수료 5회까지 면제

▶ I은행 급여통장

－ 모든 은행 ATM기기 수수료 면제, 텔레·인터넷·모바일 뱅킹 수수료 면제·면제조건 : 급여이체+택1(카드실적 30만 원 이상, 적금 10만 원 이상, 공과금 자동이체 3건 이상).

〈월급통장 VS CMA〉

|  | 월급통장 | CMA |
|---|---|---|
| **장점** | · 차후 대출 시 우대금리를 제공<br>· 예금자보호 가능(5,000만 원)<br>· 지점이 많아 편리함 | · 일 단위로 이자를 지급<br>· 펀드 · 주식과 연계 편리 |
| **단점** | · 활용도가 낮음(연계성)<br>· 고금리는 주로 낮은 평잔에서 가능 | · 예금자 보호법 적용 불가(종금제외)<br>· 지점 수가 적어 불편 |

# 보험을 믿지 마라

유독 보험을 사랑하는 사람들이 종종 있다. 심한 사람 중에는 저축은 거의 없고 마치 보험이 적금인 것처럼 온갖 종류의 보험에 다 가입을 한 사람들도 있다. 앞날은 어떻게 될지 모르기 때문에 보험을 든든하게 가입해 두어야 한다? 어떻게 보면 맞는 말이지만 어떻게 보면 틀린 말이다. 앞날이 어떻게 될지 모르면 목돈을 모아서 얼른 부를 축적해야지 무리하게 보험을 드느라 목돈을 모으는 속도가 더뎌져 결국 부를 쌓는 데 실패하는 것은 아닐까? 보험이 없더라도 어느 정도 목돈이 쌓이면 웬만한 돌발 상황에 대처할 수 있다. 내가 앞으로 암에 걸릴지, 임플란트를 해야 할지, 사고가 날지, 통원치료를 해야 할지 몰라서 이 보험 저 보험 다 가입하면 돈은 언제 모을까? 만약 아무 일도 없으면 그대로 다 날리는 돈이다. 결국 아프면 아픈 대로 손해고 안 아파도 금전적으로 손해다. 기업들의 경우 화재보험, 환율보험 등 기업에 치명적인 타격을 줄 수 있는 보험을 제외하고 보통 만약의 일을 대비하기 위해 대손충당금이라는 것을 쌓는다. 무슨 일이 생기면 이 돈으로 사용하고 아무 일도 없으면 이 돈으로 계속 이자를 벌어 온다. 우리도 어느 정도 만약을 대비한 목돈을 모아 두면 사고가 났을 때 그 돈으로 충당하고, 평상시에는 환급성이 높은 곳에 투자를 해서 계속 돈을 불린다. 결국 나중에는 다 내 돈이 된다. 목돈을 모으는 동안 큰 병에 걸리거나 사고가 날 확률은 극히 적겠지만 혹시라도 불안하면 5년 또는 10년 만기 순수보장성 보험을 들으면 돈도 얼마 들지 않고 만약을 대비할 수 있다.

보험사에서는 보험료를 측정할 때 기대값이라는 것을 사용한다. 수술비가 1,000만 원 드는 암에 걸릴 확률이 1%라고 하면 기대값은 1000×0.01=10만 원이 된다. 보험사는 고객에게 최소한 10만 원 이상을 받아야 한다. 여기에 보험설계사 수당, 기타직원 월급, 건물운영비, 광고비 등을 넣어야 회사가 적자를 면한다. 그리고 이익을 남겨야 하므로 총 10만 원 + 운영비 + 이익을 얹어서 보험료를 책정한다. 확률 대비 보험료로 보면 고객이 무조건 손해라는 것이 바로 이런 연유에서다. 열심히 보험료 내 봤자 절반 이상은 보험사 배만 불려주는 꼴이다.

보험은 철저하게 보험사와 나와의 확률 싸움이다. 단지, 나는 내가 사고가 날 확률을 모르기에 적당한 보험료가 얼마인지를 모르는 것뿐이고, 보험사는 그동안 방대한 통계 및 데이터를 통해 내가 사고 날 확률을 알고 있다는 차이가 있을 뿐이다. 그래서 보험사는 사고가 날 확률이 높은 고객은 가입승인을 거부하거나 아주 높은 보험료를 책정한다. 이러니 아직까지 보험사가 망했다는 얘기는 잘 들어 본 적이 없는 것이다.

# 보험을 가입하면 유리한 경우

보험을 가입해도 좋은 경우는 보험사와 확률 싸움에서 보험사가 모르는 패를 가지고 있을 때다. 가족 중에 암에 걸렸던 분이 있다든가 아직 진단은 나오지 않았지만 특정 부위에 이상을 느끼거나 의심이 가는 경우는 보험에 가입을 해 두는 것이 좋다. 보험의 목적 자체가 자신의 불안한 부분을 정기적인 금전납부를 통해 제거하는 것이다. 운전이 불안한 사람은 비싸더라도 보험혜택이 높은 자동차보험을 가입하는 것이 더 이득이고, 화재에 취약한 공장의 경우에도 화재보험에 가입함으로써 위험을 제거한다. 그럼에도 불구하고 전혀 자신과 상관없는 엉뚱한 보험에 가입하는 사람들도 꽤 많다.

**〈월급통장 VS CMA〉**

| 구분 | 이유 | 비고 |
|---|---|---|
| 암보험 | · 암 발병률 증가<br>(남성의1/3, 여성1/4 가 암으로 사망)<br>· 보험사의 손해율 증가로 한때 판매 중단 한 적이 있음(고객 유리) | · 일반암(위암, 간암, 폐암)의 진단금이 높은 것<br>· 가입 시 비싸도 비갱신형이 유리<br>· 중단 이전 가입한 경우 꼭 유지 |
| 실비보험 | · 미국과 같이 민영의료보험의 비중이 강화될 경우를 대비할 필요성<br>· 통원, 수술, 입원비 및 CT, MRI 등 보장범위가 폭 넓음. | · 만기가 긴 상품이 유리<br>(노년으로 갈수록 고객이 유리)<br>· 특약은 필요한 것만 최소로 가입 |

그런데 내가 보기에도 확률이 높고 보험사도 그렇게 생각하면 다른 사람보다 보험료를 더 받을 수도 있다. 아니면 보험가입조차 거부될 수도 있다. 그렇다고 억지로 가입하기 위해 보험계약 시 거짓말을 해서는 안 된다. 수술한 곳이 어디인지 자주 통원치료를 받는 부위가 있다든지 또는 가입 후 운전을 시작했다든가 직업이 바뀌었다든가 할 때에는 보험사에 솔직히 말하고 바뀔 때마다 변경사항을 통보해야 나중에 보험사에서 보험금을 주지 않는 경우를 막을 수 있다. 실제로 이런 경우 때문에 보험금을 제대로 못 타는 사람들도 많다.

보험을 가입할 때에는 부담을 최소화할 수 있도록 만기환급형이 아닌 순수보장형으로 하는 것이 좋다. 어차피 보험으로 돈을 벌 목적이 아니기 때문에 보험료는 나중에 보험금이 너무 적지만 않다면 싼 것이 좋다. 굳이 걸릴지 안 걸릴지도 모르는 일에 큰돈을 투자할 필요는 없다.

자동차를 사게 되면 반드시 가입해야 하는 자동차보험의 경우 아무것이나 들기보다 다이렉트보험으로 가입을 하면 보험료를 꽤 절약할 수 있다. 그리고 만 원 정도 하는 운전자보험도 언제 사고가 날지 모르는 도로위에서 사고 시 투자대비 큰 효과를 볼 수 있으므로 웬만하면 가입하는 것을 추천한다.

# 수익형 보험, 너나 드세요!

때는 2007년, 주식시장이 활황일 때 날개 돋친 듯 팔리는 보험이 있었으니 이름도 독특한 변액유니버셜보험. 이름부터가 폼 나는 이 보험은 보험인데 펀드 같은 것이고 증시수익률에 따라 불입한 돈이 복리로 불어나며 대박수익률도 날 수 있고 연 몇 % 수익 시 20년간이면 얼마를 받을 수 있으니 얼른 가입하라며 수많은 사람들을 현혹하던 그 이름이다. 지금은? 2008년 증시 폭락으로 그 인기가 '유니버셜'하게 사라져버렸다. 지금은 예전에 물렸던 사람들이 울며 겨자먹기식으로 들고 있는 경우가 많다.

변액유니버셜보험이란, 변액+자유입출금기능+보장성기능을 갖추고 2~5년 정도 의무납입기간이 있고 그 이후로는 사정에 따라서 납입을 중단하거나 50% 범위 내에서 중도인출도 가능하다. 여기에 실적에 따라 배당도 추가 된다는, 기존의 보험개념을 무너뜨린 획기적인 보험 중의 하나로 손꼽힌다.

어쨌든 유니버셜이 조용히 구석으로 밀려나고 다시 주력으로 떠오른 상품이 보통 연 2%의 최소 이자를 보증하는 연금저축, 연금보험 등인데 사업구조는 유니버셜과 비슷하다. 사망보험금은 정말 형식상 최소한으로 두었기에 보험의 본래 목적인 보장에 대한 부분은 퇴색되었다. 보험으로 수익을 낸다는 발상은 좋으나 사업구조상 고객에게 불리한 조건이 많다. 자유입출금 기능이 있다고 하나 환매 시 고객의 손실이 다른 금융상품에 비해 크기에 이런 수익형 보험은 별로 추천을 하고 싶지 않다.

보통 7~10년까지는 매월 평균 10% 정도가 사업비로 책정이 되는데 초기에는 사업비로 떼어 가는 돈이 더 커서 몇 년은 넣어야 환매 시 간신히 원금을 찾을 수 있고 그 이전에는 찾을 수 있는 돈이 없거나 원금 이하의 돈만 돌려받을 수 있다. 적금도 환매를 하면 원금과 약간의 이자를 주고, 펀드도 환매를 하면 손익을 계산 후 돌려주는데 보험이라는 것만 초기에는 사업비를 많이 물려 환매하면 손해를 보게 만들어서 어쩔 수 없이 장기투자를 하도록 유도한다.

비과세라고 홍보하기도 하는데 비과세가 좋다는 것은 누구나 알지만 실제로 보험으로 인해서 받는 혜택이 과연 그렇게 클까? 복리가 좋아도 이율이 낮으면 효과가 없듯이 비과세라는 혜택은 좋지만 10%에 해당하는 알 수 없는 과도한 사업비 지출을 상쇄할 만큼 혜택이 크다고 볼 수는 없다. 펀드의 경우 운용수수료가 2%를 넘지 않는데 왜 보험은 10%씩 떼어 갈까? 다른 좋은 투자처에 투자해도 될 돈으로 보험사 이익을 늘려주는 꼴만 되고 있지는 않은지 생각해 봐야 한다.

그리고 최저이율을 2% 정도로 보장을 해 주는 수익형보험의 경우 물가상승률을 볼 때 과연 터무니없는 이율이라는 것을 알 수 있다. 2% 복리로 20년을 투자해도 수익률은 48.5%에 불과하다. 그리고 이들이 공시하고 있는 금리에 따라 변하는 연이율의 경우에도 간신히 물가상승률에 미치는 수준이고, 공제회 저축 이율보다는 못하는 수준이다. 굳이 여기에 돈을 묶어 둘 필요가 없다는 뜻이다.

자신이 투자에 어느 정도 안목이 생긴다면 굳이 수익형보험에 가입할 필요가 없을 것이라고 생각한다. 은행 등에서 왜 그토록 판매에 열을 올리는지 그 이유를 한 번 더 생각해보면 가입하고 싶은 생각이 사라질 것이다. 아는 것이 힘이다.

# 인생에서
# 꼭 필요한 핵심 재테크

어느덧 김 교수를 만난 지 두 달이 넘어간다. 민구 씨는 그동안 배웠던 지식들을 되새겨 본다. 저축, 보험, 집, 자동차 등등 어느 한 분야도 민구 씨 인생에서 소홀히 할 수 없는 부분들이다. 그 전에는 재테크는 돈이 남으면 하는 것이라 생각했지만 지금은 필수라는 생각에 하루하루 숨 가쁘게 살아가고 있다. 인생의 진정한 주도권을 잡은 느낌이라고나 할까? 그런 뿌듯한 느낌과 함께 민구 씨는 행복한 미래를 설계하는 중이다.

"교수님, 뭐 드시고 싶으신 거 없으세요?"

"왜, 오랜만에 수업료 내고 싶은 모양이지?"

"하하, 뭐 그런 셈이죠. 아무튼 오늘은 조금 비싼 것 드셔도 됩니다.

보너스 나왔거든요.”

“오~ 기분 좋은 날이겠네. 잘 먹겠네. 잘 먹겠어. 보너스 이야기가 나오니까 갑자기 생각났는데 보너스가 두둑한 직장에 다니는 사람들 중에는 월급은 다 저축하고 보너스만으로 생활비를 충당하는 사람들도 있지.”

“진짜로 그게 가능한가요?”

“자네는 불가능할지 모르겠지만 그렇게 사는 사람들도 많아. 수당만으로 생활을 하고 월급을 다 저축하는 것이지. 자네한테 그 정도를 바라지는 않아. 기업에서도 매출을 늘리는 것보다 구조조정이 가장 고통스럽듯이 재테크 중에서 가장 어려운 것이 생활비를 줄이는 것이라네. 대신 오늘은 아주 중요한 강의를 해 주지.”

“아니, 교수님 중요한 게 또 남았나요?”

“그래 재테크에서 정말 중요한 거야. 돈을 모은 다음에 해야 할 일이지. 자네도 들으면 동의할걸? 한번 들어 보게. 메모 준비하고. 돈을 모았으면 돈을 불려야 하고, 불린다는 것은 내 투자수익률이 물가상승률보다 높아야 한다는 뜻인 것, 잘 알고 있지?”

“네, 잘 알고 있습니다. 아주 명심하고 있죠. 교수님이 주신 달걀 그림도 잘 간수하고 있습니다.”

“그래 좋은 자세야. 결국 안전자산에서 위험자산으로 이동해야 한다는 뜻이야. 정신 바짝 차리지 않으면 이 사람 저 사람 말에 휘둘리다가

피같이 모은 돈을 한순간의 재로 만들 수도 있다고. 자신의 이익을 위해서 서로 속고 속이는 경우도 비일비재하기에 어떤 때는 뉴스나 신문조차도 믿어서는 안 돼."

"음 왠지 무서운데요?"

"뭘 새삼스럽게 놀래나. 돈 때문에 살인도 일어나는 세상에…… 그리고 투자라는 것 자체가 고수익을 추구하기 때문에 고위험을 어쩔 수 없이 떠 안게 되지. 한 곳에만 집중투자하는 것은 옳지 않아. 위험자산의 경우 다양한 종류에 분산투자해야 한 방에 훅가는 경우를 막을 수 있어. 이렇게 안전장치를 걸어도 세계적인 자금의 흐름은 위험자산(호황)→안전자산(불황)→위험자산(호황)→안전자산(불황) 순으로 계속 반복되기에 위험자산에서 안전자산으로 자금이 이동하는 시기에는 위험자산에 골고루 분산투자해도 소용이 없다네. 이런 경우에는 무조건 안전자산으로 빨리 이동하는 것이 상책이야."

김 교수의 목소리가 사뭇 진지해졌다. 뭔가 중요한 이야기를 할 모양이다.

"오늘 내가 강의할 재테크 수단은 바로…… 주식, 경매, 펀드, 채권, 소액대출 그리고 은퇴를 위한 창업, 이렇게 6가지야."

"아!"

민구 씨는 무릎을 탁 쳤다. 드디어 말로만 듣던 주식, 경매, 펀드 등에 대해서 배우는구나 하는 생각에 왠지 모르게 엄숙한 기분이 들었다.

"창업, 소액대출, 주식, 펀드는 연수익 10% 이상을 바라보는 대표적인 위험자산에 투자하는 방법이고, 경매는 차익실현보다 수익률 10% 정도를 목적으로 하는 임대수익형 부동산에 투자하는 방법이야. 부동산 가격이 오른다는 것을 확신할 수 없기에 오로지 임대수익률만 계산해보는 거지. 채권은 대표적인 안전자산으로서 원칙적으로는 10% 미만의 수익률을 추구하지만 금리하락 시에는 채권가격이 올라 그 이상의 수익을 낼 수도 있지."

"임대수익형 자산이라고 하면 오피스텔을 말하는 것이죠?"

"물론 오피스텔도 포함이 되겠지. 하지만 내가 말하는 임대수익형 부동산이라는 것은 원룸, 다가구주택, 연립주택, 빌라 등이고 수익률만 맞다면 아파트도 괜찮다네. 하지만 개인적으로 오피스텔은 별로 추천을 하고 싶지가 않아. 분양가가 비싸고 시세상승을 바라볼 수가 없거든."

김 교수는 민구 씨가 잠시 필기할 시간을 주고 말을 이어갔다.

"이 모든 부분에서 전문가만큼은 될 수 없겠지만 재테크라는 것이 분야는 다르더라도 원칙과 노하우는 같기에 평생을 공부한다는 마음가짐으로 영역을 조금씩 넓혀 가야 해. 전에 파이프라인 이야기했던 것 기억나지? 다양한 방법으로 수익을 낼 수 있어야 한쪽에서 수익이 끊겨도 다른 쪽에서 꾸준히 수익이 들어오거든. 이를 바탕으로 불황을 견뎌내면서 더 많은 파이프라인을 건설할 수 있다네."

# 주식, 기본을 알고 실전감각을 키우자

주식투자자의 부류는 참 다양하다. 길게 내다보고 하는 장기투자자와 짧게 보고 순간의 타이밍을 찾아내는 단기투자자가 있다. 또 회사의 성장가능성, 보유재산 등을 보고 투자하는 가치투자자가 있고 반대로 회사보다는 가격과 거래량으로 만들어진 차트를 통해 공식을 세우고 투자하는 기술적 분석투자자도 있다. 절대적으로 최고라고 할 수 있는 방법은 없다. 있으면 누구나 부자가 되었을 것이다.

이 책에서는 가치투자 그리고 장기투자에 대해서만 다루고자 한다. 단타매매 혹은 차트분석을 통한 기술적 투자를 하려면 종일 모니터만 보고 있어야 한다. 그건 본업이 있는 우리에게 맞지 않

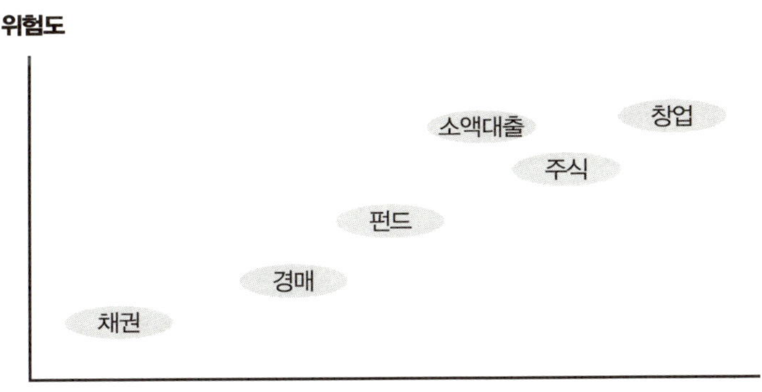


고 그렇게 해도 수익이 별로 나지 않는다고 보기 때문이다. 어떤 일이든 본업에 지장을 주면서까지 하는 것은 좋지 않다. 월급을 받아 먹고 살면서 업무시간만큼은 최선을 다해야 하지 않을까?

가치투자나 장기투자는 1년에 한두 번 정도만 매매를 하면 되고, 대낮에 주식시장을 안 쳐다봐도 되니까 본업이 있는 우리에게 적합하다. 좋은 회사의 주식을 싸게 사서 비싸질 때까지 기다렸다가 파는 단순한 방법이지만 오를 때까지 기다린다는 것이 상당히 지치고 힘든 일이다. 하지만 지인 중에 그런 길고 고된 7년을 끈질기게 기다려서 대박을 터뜨린 분도 있다. 세계적인 투자가 워렌 버핏도 한번 사면 평생 보유한다는 전략을 고수하고 있고 이 방법으로 아직도 최고의 부를 유지하고 있다. 이제 가치투자를 위한

| 명 칭 | 개 념 | 비 고 |
| --- | --- | --- |
| 매출액 | 회사가 번 돈 | 이것으로는 흑자, 적자 비교가 불가능 |
| 영업이익 | 회사가 장사를 해서 번 돈 | 과자회사가 임대수익으로 번 돈은 영업이익이 아님 |
| 영업외이익 | 기타 방법으로 번 돈 | 회사 땅을 팔거나, 이자를 받거나, 임대 수익 등 반대로 여기서 적자가 날 수도 있음. |
| 순이익 | 매출액에서 원가, 임금 등 운용료를 빼고 남은 돈 | 이 돈이 진짜 수익! |
| 시가총액 | 주식시장에서의 회사가치 | 높을수록 큰 회사이지만 계속 바뀜 |
| 주가 | 시가총액 ÷ 주식 수 | 이래서 주가가 비싸다고 좋은 회사가 아니라는 것임 |
| 자산총액 | 회사가 가진 현금, 부동산, 시설, 매출채권 등의 재산 | 많다고 해서 꼭 부자라는 뜻은 아님. |
| 부채총액 | 회사가 빌린 돈 | |
| 순자산 | 자산총액 – 부채총액 | 이게 많아야 진짜 알부자 기업 |
| PBR | 순자산 ÷ 주식수 | PBR 〈 1 이면 주가보다 회사가 가진 재산이 많다는 뜻 |
| PER | 시가총액 ÷ 순이익 | PER 9이면 투자한 돈 회수하는데 9년이 걸린다는 뜻 |
| 1 / PER | 예상수익률 | PER 5 = 연 20%<br>PER 20 = 연 5% 수익률이라는 뜻 |
| ROE | 자기자본 이익률 | ROE가 높을수록 투자금 대비 고수익을 뽑아내는 회사라는 뜻 |

기초 공부를 해보자.

백 번 듣는 것보다 한 번 보는 것이 낫다고, 주식도 백 날 공부하는 것보다 적은 돈이라도 한번 해보는 것이 더 좋다. 돈을 잃기도 하고 따기도 하면서 이런저런 방법으로 투자를 해보면 '대충 해서는 안 되겠구나. 지식이 필요하구나'라는 생각이 든다. 그러면 다시 지식을 익혀가면서 실전에 적용해보게 되고 점차 자신만의 방법을 터득하게 된다. 결국, 공부만 하는 것보다 직접 해보는 것이 더 많이 도움이 된다.

직접 하려면 무엇부터 할까? 우선 증권사부터 간다. 은행 가서 통장 만들 듯이 증권사에 가서 CMA계좌와 증권계좌 이 두 가지를 개설해야 한다. CMA계좌는 왜? 주식을 사려고 혹은 주식을 팔고 나서 생긴 돈을 CMA계좌로 연계해 놓으면 잠시 돈이 머무는 중에도 매일 이자가 붙게 된다. 그리고 통장 및 체크카드, 보안카드 등을 받고 집으로 가서 HTS를 깔고, 공인인증서를 등록하면 된다. 이때, HTS란 주식을 컴퓨터로 매매할 수 있는 프로그램이다. 이 프로그램을 켜고 아이디와 비밀번호 그리고 공인인증서 비밀번호를 치면 프로그램이 열린다. 여기서 주식시세 조회 및 거래를 할 수 있고, 그 외에도 계좌이체, 펀드가입 및 해지, 옵션거래 등 다양한 업무를 볼 수도 있다.

해당종목을 고르면 기업의 차트 및 재무제표, 관련기업뉴스 및 공시, 호가, 거래량, 일별주가, 거래원 등 많은 정보를 볼 수 있고, 관심종목으로 등록하면 내가 눈여겨보는 기업들을 한눈에 확인할 수도 있다.

거래시간은 일반적으로 오전 9시에서 오후 3시까지이고, 코스피에서 주식매매 시 5만 원 이상 주식은 1주 단위로 거래하고 5만 원 이하는 10주 단위로 거래하고 있다. 코스닥의 경우는 주가에 상관없이 1주 단위로 거래하고 있다.

주식을 사고 나면 예수금이 있어도 당장 돈이 빠지는 것이 아니라 이틀 뒤에 돈이 빠지고, 주식을 팔아도 돈이 당장 들어오지 않고 이틀 뒤에 돈이 들어오므로 전산오류로 내 돈이 안 빠졌다며 착각하고 막 사들이지 말자. 나도 초보 때 그런 줄 알고 예수금보다 더 많이 샀다가 이틀 후 아침에 반대매매(증권사에서 미수금만큼의 부족분을 확보하기 위한 강제매도)를 당한 적이 있었다. 그렇기 때문에 주식을 살 때 당일 예수금을 보지 말고 D+2일의 예수금이 +인지 확인을 해보는 습관을 들여야 한다.

주저리주저리 말했지만 결론은 시작이 반이라는 것이다. 시작을 해야 관심이 생기고 이해도 쉽게 되고 오기도 생긴다. 대신 급한 마음에 빨리 벌 생각으로 큰돈으로 시작하지 말고 최소 1년에서 2년은 공부를 한다는 생각으로 연습하는 시간을 갖기를 바란다. 주식은 초보자일수록 잘난 척을 하는 경우가 많다. 오히려 내공이 쌓인 고수일수록 입이 무겁고 티를 안내는 법이다. 항상 겸손하게 자신이 무조건 옳다는 생각에 실수를 하는 일이 없기를 바란다.

# 작전주에 말리지 마라

영화나 드라마에서 종종 특정 회사의 주가를 마음대로 떡 주무르 듯이 조작하며 일반투자자를 끌어 모은 후 가격을 올렸다 내렸다 하다가 급상승시킨 뒤 한순간에 팔아먹고는 튀는 것을 본 적이 있을 것이다. 대략 1년 정도 작업해서 많게는 10배 이상 가격을 올리기도 한다. 그러나 최근에는 감시가 심해져서 30% 정도로 적게 먹고 작업기간도 2~3개월로 짧게 잡는 경향이 있다. 수법도 더 정교해지고 있어서 작전이 끝났어도 이게 작전인지 아닌지 구분하기가 어려울 정도다.

주로 작전을 하려면 돈이 많이 들기에 되도록 돈이 적게 드는 시가총액이 작은 코스닥 회사를 선호한다. 그렇다고 해도 단기간에 꽤 큰돈이 들어가기에 사채업자와 손을 잡고 하는 경우가 많다. 사채를 빌려서 작전을 하기에 시간을 오래 끌수록 손해라 물량매집이 끝나면 오래 지나지 않아 주가를 올린다. 물량매집 기간은 티가 나면 안 되므로 좀 시간이 많이 걸린다. 그러다가 하이라이트가 임박해지면 언론에 기사도 띄우고 차트도 예쁘게 만들고 소문도 내서 일반투자자와 차트투자자 들을 최대한 끌어 모은다. 주가를 올렸다 내렸다 밀고 당기기를 하면서 사람들을 유혹시키다가 갑자기 주가를 폭등시키면서 더 많은 투자자들을 끌어모은 후 한 방에 물량을 다 팔아버리고 사라진다. 그 후에는 어떻게 될까? 주가를 끌어올려 주던 세력이 사라졌으니 팔려는 사람들이 쏟아져 나온다. 매일매일 하한가로 가면서 팔고 싶어도 팔수도 없는 일명 생지옥이라는 상황이 온다. 하한가 세 번이면 반토막이다. 간신히 하한가가 풀려 이 생지옥을 빠져나오고 보면 회복불가의 타격을 받고 난 다음이다.

예를 들어 볼까? 2010년에 S홀딩스라는 회사가 있었다. 작업이 들어가기 전에는 만 원 정도에서 왔다갔다하는 영업실적도 거의 없는, 잊혀진 회사였다. 그러다 여름쯤에 네 번째 이동통신사가 새로 생기는데 이 회사를 모 대기업이 밀어주기로 했다는 소문이 퍼지면서 한 달 반 정도만에 10만 원을 찍었다. 그러다 프로젝트에서 탈락했다는 소식이 전해지면서 연일 하한가를 치다가 잠시 멈추다 또 하한가를 치다가를 반복하다가 다시 만 원 정도로 회귀했다.

한때 우량기업이었던 C회사는 튼실한 기업으로 수출 공로를 인정받아 상까지 탔었으나 사채업자와 기업사냥꾼이 주가를 들었다 놓았다 한 후 이 기업의 돈을 빼돌려 회사가 그들의 손에 넘어간 지 1년 만에 상장폐지를 당하고 말았다.

그렇기에 튼실한 회사라고 해서 방심할 수는 없다. 이런 일이 없으려면 세력들이 장난을 칠 수 없는 수준의 시가총액이 1,000억이 넘는 회사, 기업실적이 우수하고 재무구조가 튼실한 회사, 경영진의 도덕성이 뛰어나고 주주를 배려하는 회사, 내가 잘 알고 있는 회사에 투자를 해야 이 험한 세상으로부터 소중한 내 돈을 지킬 수가 있다.

# 왜 가치투자를 해야 하는가

주식투자에는 여러 방법이 있다. 그중에는 아주 위험한 방법이긴 하지만 주식을 담보로 돈을 빌려 또 주식을 사고 그 주식을 담보로 또 돈을 빌려 주식을 사는 레버리지 투자로 백 억이 넘는 부자가 된 사람도 있다. 이렇게 하면 자기 돈의 몇 배의 주식을 운용할 수 있다. 그러나 수익률은 몇 배로 늘어나지만 손실률도 커져서 아주 위험한 투자가 된다.

모멘텀 투자라고 추세를 따라가며 투자하는 방법도 있다. 잘나가는 종목, 업종 등 대세에 편승해서 같이 투자하고 그 종목, 업종이 하락할 때는 팔아버리는 방법이다. 오를 때 사고, 내릴 때 팔고 어쩌면 당연한 말이긴 한데 문제는 계속 오르락 내리락 하는 상황에서 오를 때가 언제인지 명확히 구분하는 게 가능하지 않다는 것이다.

여러 가지 방법이 있지만 모순적인 면이 있거나 위험성이 크다. 아홉 번 성공해도 한 번 실패하면 아까운 내 돈들이 다 날라 간다. 수익률보다는 방어가 더 중요하다. 그래서 기업 가치에 비해 저평가된 회사에 투자하는 가치투자를 추천한다. 최소한의 안전마진을 담보로 잡고 투자하는 방법이다.

시장은 딱 현재 가치만큼 주가가 움직이는 것이 아니라 긍정적인 전망으로 꿈이 있는 기업에 주가가 더 오를 것이라는 기대를 갖는다. 거품이 끼기도 하고 때로는 공포와 두려움을 주는 뉴스로 인해, 또는 시장의 관심을 받지 못해 과도한 폭락이 이어지기도 한다. 그렇기 때문에 회사는 그대로인데도 주가는 계속 움직인다. 또한 여러 가지 면에서 좋은 회사인데 한 가지 악재로 인해 제 가격을 못 받는 경우도 있다. 예를 들어 실적은 좋은데 빚이 과도하게 많거나 대주주의 이상한 결정으로 기업의 위기가 온다고 예상된다면 실적에 비해 현저히 저평가를 받게 된다. 반대로 빚도 없고 현금도 많고 보유한 땅이나 건물도 많은데 실적이 안 좋은 회사, 즉 돈을 별로 못 벌고 앞으로 전망도 어두운 회사는 아무리 보유재산이 많아도 제 가치만큼 평가를 받지 못한다. 하지만 이런 회사가 전망이 좋아지기 시작하면 무섭게 오르기 때문에 이런 주식에 투자를 해야 큰 이익을 얻을 수 있다. 경매에서도 마찬가지다. 실적, 자산, 부채비율, 성장성, 이 모든 게 다 좋은 회사가 싸게 팔릴 일은 없다. 축구선수로 치면 최전성기를 구가하고 있는 호날두, 메시를 싼 가격에 영입할 방법은 없다. 그런데 나머지 능력은 최고인데 한 가지 단점이 있는 선수를 싸게 사와서 그 단점을 없애 준다면? 엄청난 몸값 상승이 일어나지 않을까? 주가도 마찬가지다. 할인요소가 제거될 가능성이 있는 기업을 찾아 그 단점이 제거될 시기가 임박할 때쯤 주식을 사들이는 것이다. 하지만 이 정도 투자 수준까지 오르려면 기본적인 경제지식이 필요하고, 경험과 감각도 필요하다. 그래서 항상 경제소식에 귀를 열어 두어야 한다. 찾기는 힘들어도 한 번만 찾아서 쌀 때 사 두었다가 나중에 제 가치를 인정받을 때까지 진득하니 기다리면 된다. 이런 회사는 인생에 있어서 몇 번만 찾아도 큰 수익을 얻을 수 있다. 그리고 가격이 쌀 때는 떨어지는 폭은 좁고 오르는 폭은 그 보다 훨씬 높기 때문에 손실 가능성은 낮고 수익 가능성은 높은 아주 훌륭한 투자처가 된다. 이것이 가치투자다.

가치투자로 성공한 사람이 얼마나 있을까? 국내외 여러 사람이 있지만 아무래도 가치투자의 대명사는 워렌 버핏 할아버지다. 단돈 100달러로 시작해서 세계 두 번째로 큰 부자까지 올라간 분이다. 실제로 이렇게 장기간 동안 투자를 해서 끝까지 살아남은 데

| 롯데칠성 |  |

2000년에 '몇 %' 부족하던 그 음료수가 대히트를 치고 난 후부터 급상승을 시작했다. 이 당시 때만 해도 주가대비 이익도 좋았고(저PER), 자산도 상당한 알짜기업이었고(저PBR) 업계 1위에 오를 수밖에 없었던 주식이었다. 이때 7만 원에 샀던 사람이 2007년 160만 원에 팔았다면 약 23배의 이익을 얻었을 것이다. 1억을 샀다면 23억이 되었을 것이다. 이런 주식을 인생에서 몇 번만 만나면 된다. 굳이 여러 번 매매할 필요 없이 이런 회사 딱 몇 개만 찾아보자.

| OCI |  |

전통적인 가치주라기보다는 미래가치가 대단했던 성장형 가치주. 2007년부터 고유가 위협이 시작되서 대체에너지가 시장의 주목을 받으며 떠오른 슈팅스타. 태양광발전의 핵심원료인 폴리실리콘을 생산하는 회사. 현재 생산량 세계 선두권 기업. 만약에 롯데칠성을 2007년에 팔고 그 돈으로 그 당시 45,000원에 OCI를 사서 최고점인 2011년에 팔았다면 자산이 14배로 불어났을 것이다. 롯데칠성 23배 × OCI 14배 = 322배. 2000년부터 2011년까지 딱 두 회사만 가지고도 약 11년간 322배의 수익을 얻을 수도 있었다.

는 몇 가지 원칙이 있었는데 이 분의 원칙은 이해할 수 있는 사업 구조를 가진 회사, 즉 사업구조가 복잡하지 않고 단순한 회사에 투자한다는 것이다. 돈벌이 구조가 복잡하다는 것은 그 중 한 부분이라도 꼬이면 수익이 엉망이 될 가능성이 높고, 그만큼 위험에 많이 노출되어 있다는 뜻이기 때문이다. 그래서인지 IT버블 시절에도 버핏은 IT기업에 투자하지 않았다. 주로 소비재인 식음료, 외식, 생필품 회사 등에 투자했다. 이런 회사들은 먹고 사는 것과 밀접한 관련이 있기 때문에 호황에나 불황에나 매출이 꾸준하다. 그리고 물가가 상승하면 그만큼 혹은 그 이상으로 가격을 올리면 그만이기에 매출액은 계속 늘어날 것이고 이익도 계속 늘어난다.

두 번째 원칙은 이런 회사의 주식을 쌀 때 사들이는 것이다. 아무리 좋은 회사라고 해도 수익이 나려면 쌀 때 사야 한다. 기업가치는 그대로지만 경제위기나 테러 등 외적인 뉴스로 증시 전체가 크게 흔들릴 때가 싸게 매수할 수 있는 기회다. 단, 경영진의 비리 또는 회사 사업구조에 타격을 주는 사건 등으로 주가가 떨어질 때는 다시 생각해야 한다.

마지막으로는 안전마진을 확보하는 것이다. 손실을 입지 않기 위한 최소한의 안전장치는 준비해야 한다. 전문투자자들이야 전환사채 또는 옵션 등으로 손실을 막을 수도 있지만 개인투자자의 경우에는 이렇게까지 할 수는 없기 때문이다. 대신 청산가치가 주가보다 더 높은 회사에 투자하면 안전마진을 확보할 수 있다. 청산가치란 회사가 사업을 접고 가진 재산을 팔아서 주주들에게 나누어 줄 때의 가치이다. 주가보다 청산가치가 높은 회사가 있다면 손해 볼 걱정도 없고 그저 고마운 일이다. 예를 들어, 금고에 현금 1억이 들어 있는 가게가 5,000만 원에 팔린다고 생각해보자. 당장이라도 살 것이다. 실제로도 이런 회사들이 주식시장에는 즐비하고 이 중 시가총액이 작은 회사들은 기업사냥꾼의 먹이가 되기도 한다. 실제로 A시멘트 회사의 경우 시가총액은 1,500억 정도인데 가지고 있는 땅과 강남의 빌딩만 팔아도 1조가량이 나온다. 당장 부도가 나서 재산을 처분한 뒤 주주들에게 나누어 주어도 500% 이상의 수익을 챙길 수가 있다. 이런 것을 안전마진이라고 한다. 회사가 망해도 이익이고 망하지 않고 주가가 올라도 이익이니 그냥 쭉 보유만 하고 있으면 되는 걱정 없는 회사라 참 든든할 수밖에 없다.

가치투자란 저평가받는 회사가 제대로 된 평가를 받을 때까지 그 회사의 주식을 사서 보유하는 것이다. 그런데 앞장에서 말한 저평가에 대한 기준은 사람마다 다르다. 정통적인 저평가 측정 방법으로는 PER과 PBR이 있다. PER은 시가총액÷순이익이다. 100÷PER=수익률(%)으로 볼 수도 있다. PER이 5이면 수익률이 20% 정도이고 PER이 30이면 수익률은 3.3%가 된다. 적정주가를 구할 때 이 PER을 기준으로 하는 경우가 많다. 은행이자+(리스크)를 고려하면 PER 10~11 정도가 적당하다고 볼 수 있다. 주당순이익 EPS이 5,000원인 주식의 적정가가 50,000원~55,000원 정도다. 하지만 PER은 과거와 현재의 이익을 기준으로 형성된 것일 뿐 미래를 반영한 값은 아니다. 고 PER주의 경우 미래의 이익이 커질 전망이 되므로 지금 가격이 나중에는 적정 PER이 될 것이라는 예상에 현재 높은 PER에도 거래가 되고 있는 것이다. 주로 성장주라고 불리는 기업들이 여기에 해당한다. PER가 8 이하 정도 되는 주식을 저 PER주라고 하는데 저 PER을 유지하는 경우는 앞으로 회사의 이익이 줄어들 것이라고 예상되거나 회사의 이익이 늘어날 가능성이 없는 사양산업 종목들이 그러하다. 그렇기 때문에 PER이 낮다고 단순히 저평가되었다고 볼 수는 없다.

PBR을 통해서도 저평가인지 고평가인지 구분하기도 한다. PBR이 1이란 뜻은 그 회사의 순자산과 주가와 일치한다는 뜻이다. PBR이 2이면 순자산보다 주가가 2배 이상 높은 고평가라는 뜻이고 PBR이 0.5이면 주가가 순자산의 절반밖에 못 미치는 저평가라고 볼 수 있다. 즉, PBR이 1 이하에서 낮을 수록 저평가 상태라고 보면 된다. 그런데 왜 이런 현상이 일어날까? 주가보다 순자산이 많으면 주주가 이익이지만 이런 회사들의 경우 실적이 좋지 않다. PER이 높다든가 적자 중이거나 앞으로 전망이 어두운 사양산업인 경우가 많다. 그렇기 때문에 저 PBR이라고 해서 덥석 물기보다는 앞으로 전망이 좋아질 수 있는 기업을 골라야 한다. 그리고 아무리 성장성이 좋아도 PBR이 4 이상인 회사는 피하는 것이 좋다. 상당히 고평가된 상태이기 때문에 상황이 변하면 급격하게 하락할 위험이 높다.

위의 두 가지 정통적인 저평가 측정방법 말고도 적극적인 저평가 성장주를 찾는 방법도 있다. ROE가 높은 기업을 찾는 것도 그중 하나다. ROE란 자기 자본 대비 이익률이다. 이 수치가 높을수록 급격한 성장을 하고 있다는 뜻이다. ROE가 20% 이상이면 고속으로 성장하는 기업이라는 뜻이기에 앞으로도 이런 ROE를 유지할 수만 있다면 미래에 주가가 더 오를 가능성이 높은 회사다. 하지만 기업의 성장에는 어느 정도 한계가 있기에 당장 ROE가 높아도 앞으로 얼마나 더 성장할 수 있을지 미래의 업황을 읽어낼 수 있는 안목이 필요하다.

EV/EBITDA를 통해 저평가주를 찾는 방법도 있다. 기업 가치를 세금과 이자를 내기 전인 감가상각을 하기 전의 이익으로 나눈 수치를 EV/EBITDA라고 한다. 이 수치가 5이면 5년 만에 투자원금을 회수할 수 있다는 뜻이다. 이 방법은 시가총액 대비 현금흐름이 양호한 기업을 찾는 것으로 저평가 기업을 찾을 때 사용하기도 하지만 부실기업을 찾아낼 때도 많이 사용한다. 아무리 매출이 잘 나가도 동맥경화처럼 현금이 순간적으로 끊기면 흑자부도가 날 수도 있다. 현금은 항상 끊임없이 생산되고 흘러야 한다. 그 외에도 저평가 우량주를 찾는 방법은 사람마다 모두 다르다. 여러 방법을 대입해보면 자기가 원하는 기업을 찾을 수 있다.

# 아무도 알려주지 않은 주식투자 노하우

앞에서 말한 내용은 아주 기본적인 교과서 같은 방법들이다. 기본에 충실해야 하는 것이 맞지만 실전에서는 기본을 바탕으로 자기 자신만의 응용 노하우가 필요하고 감각과 배짱도 필요할 때가 있다.

나는 실제 순자산을 재조사해본다. 보통 기업의 BPS 수치로 나온 주당 순자산(순자산 ÷ 주식 수)를 통해 주가와 비교해보고 저평가 기업인지 아닌지 판단을 하는데 이것을 다시 한 번 꼼꼼하게 살펴볼 필요가 있다. 기업의 자산에는 1년 안에 현금화할 수 있는 유동자산과 건물, 토지 등 장기간 영업활동에 사용하려고 취득한 고정자산이 있다.

이런 자산들을 꼼꼼히 분석해서 이 중에서 실질적인 자산이 얼마나 되는지를 판단해본다. 실조사를 해보면 어마어마한 자산이 숨겨진 회사들을 찾아낼 수가 있다. 그렇기에 이 부분에 비중을 두는 편이다. 우선, 유동자산 중에도 당장 현금으로 바꿀 수 있는 현금, 예금, 주식 등 당좌자산과 단기매출채권, 그리고 철강 등 고가의 원자재, 현금성이 있는 재고품 등만 자산으로 삼고, 장기어음 또는 팔아도 돈이 되지 않는 원자재 또는 이미 유행이 끝나버려 상품가치가 없는 재고품(휴대폰, 의류 등)은 자산목록에서 빼버린다.

고정자산의 경우 토지와 건물은 샀을 때의 가격과 현재의 가격이 다른데 전산 상으로는 샀을 때의 가격으로 나타나기 때문에 실제 주변 부동산과 비교해서 실질 가치를 구해봐야 한다. 보통 전산상보다 높은 가치를 형성하는 경우가 많다. 그리고 공장 운영에 필요한 기계, 장비, 차량 등의 설비자산 등은 0이라고 판단하는 것이 좋다. 만약 부도가 났을 경우 기존 사업을 하려는 사람이 없을 때 이것들은 거의 현금화할 가능성이 없는 고철덩어리들이 될 가능성이 높기 때문이다.

이렇게 재구성한 순자산을 주식수로 나눈 주당순자산과 주가를 비교해보는 것이다. 어떤 기업은 주가와 BPS가 8배 정도 차이나는 것도 있고, 어떤 경우는 저평가인 줄 알았으나 알고 보니 별로 저평가의 매력이 없는 기업도 있다. 하지만 자산이 많다고 해서 주가가 오르는 것은 아니다. 실적이 좋아진다는 신호가 있어야 한다. 그래야 언론의 관심도 좀 받고 주가가 폭등하는 튼튼한 재료가 된다. 이렇게 자산이 저평가된 자산주들의 경우 사양산업에서 구조조정이 끝나고 살아남은 소수의 회사가 되어 혜택을 보든가 긴 불황의 터널을 뚫고 호황기에 도래한 경우 주가가 다른 기업들에 비해 무서울 정도로 높게 오른다. 예전의 타이어 업종도 성장성은 없고 중국산 저가 타이어에 밀리면서 사양산업이 되어 힘든 시기를 보내다 살아남은 몇몇 회사만 호황기를 맞았던 턴어라운드 업종이었다.

실적이 좋아져야 한다는 것이 키 포인트인데 대규모 투자가 수익으로 전환되기까지 어두운 터널을 거친 후 매출, 영업이익, 순이익이 한 단계 더 높은 레벨로 올라가는 경우도 있다. 주로 IT, 화학, 정유 업종에서 조 단위의 대규모 투자를 주기적으로 하기 때문에 이런 점이 확연히 눈에 띈다. 투자를 막 시작하는 입장에서는 기업의 순이익이 떨어지기에 주가도 매력적이지 못하지만 투자가 끝나고 이익이 차츰 늘어가는 상황에서는 기업의 미래가 다시 한 번 더 밝아지기 때문에 주가 상승세로 화답을 해 주는 경우가 많다. 하지만 대다수가 이러한 흐름을 읽지 못하고 당장의 뉴스나 업황에만 연연해 저가에 팔고 고가에 사는 경우가 많으니 수익이 날 리가 없다. 뉴스에서 예전에 투자한 것이 효과가 나타나서 수익이 늘고 있다고 나올 때는 이미 바닥 부근에서 꽤 오른 터라 쉽사리 들어가기도 어렵고, 사더라도 얼마 못 먹고 나오는 경우가 많다.

이와 비슷하게 업종 사이클도 잘 파악해야 한다. 투자 사이클과 업종 사이클은 몇 년 단위로 반복하기에 비슷한 점이 많아 보이지만 업종 사이클은 투자와 별도로 해당업종의 호황기와 불황기가 반복되면서 주가도 롤러코스터를 타는 종목들을 말한다. 예를 들어 컴퓨터의 구입주기가 운영체제와 같이 움직이면서 반도체 가격에 영향을 주면 삼성전자와 하이닉스 주식이 영향을 받기도 하고, 휴대폰의 경우도 대박 모델이 나오면 그 교체시기에 맞춰서 휴대폰 사업을 하는 회사에 영향을 주기도 한다. 요새는 스마트폰 영향으로 반도체 수요가 늘고 주기도 이전보다 더 짧아진 경향이 있다.

또한, 부동산 경기에 따라 건설, 기계, 가구, 자재, 증권, 은행 업종들이 같이 오르고 내린다. 건설업황은 정부정책이나 아파트 전세 및 매매 시세, 은행 대출증가세, 중동지역 경기(유가), 금리변화 등으로 어느 정도 이 사이클을 읽어 낼 수가 있다. 조선업의 경우도 세계경제가 호황이냐 불황이냐에 따라 해운업이 같이 오르내린다. 해운업의 경우 벌크선 운임지수인 BDI지수를 통해서 사이클의 추측이 가능하다. 세계경제가 호황기로 접어들면 무역량이 늘어남에 따라 벌크선의 수요가 많아지고 이는 BDI지수 상승으로 이어진다. 해운회사는 이 상승시기에 더 많은 수익을 내기 위해서 조선사에 배를 더 주문을 하고, 조선업은 밀려드는 주문을 생산하느라 밤낮 없이 일하게 되는 것이다. 요즘 국내 메이저 조선사들의 경우 벌크선보다는 마진이 더 좋은 LNG선, 컨테이너선, 유조선이나 해양플랜트, 신재생에너지 등으로 수익을 다변화해서 불황에 대비하고 있다. 자동차 업종은 자동차 교체주기와 경기호황이 섞여 있었으나 요새는 수출량이 커져서 이전의 국내 신차 출시에 따른 자동차 교체주기의 영향은 많이 작아진 상태다.

반대로 식음료, 통신, 가스, 게임, 화장품 업종은 이런 사이클을 타지 않기에 불황기에 주가가 좋은 편이다. 불황, 호황 가리지 않고 매출이 일정하고 물가상승분만큼 가격상승분을 그대로 전가시키거나 그 이상으로 올릴 수 있기 때문에 기업운영이 어려운 편도 아니라 리스크가 다른 업종에 비해 적기 때문에 경기방어주라고도 불린다. 큰 수익률은 기대하기 어렵지만 인플레이션에 대응하기에는 참 좋은 종목들이라 분산투자 차원에서 일정부분 보유를 하는 것이 좋다.

투자방법은 업종마다 차이가 있고, 세계경제 호황기도 불규칙하기에 정확히 언제라고 장담할 수는 없다. 따라서 불황기에 조금씩 불황업종 중에서 과대낙폭을 하거나 업종대표주를 천천히 분할매수로 조금씩 모아두다가 호황이 와서 주가가 오를 때마다 조금씩 분할매도로 물량을 정리하고 수익을 확정지어버린다. 언제가 가장 주가가 높은 시기인지를 모르기 때문에 수익률을 극대화하기보다는 안정적인 수익률을 추구해야 변수가 많은 주식시장에서 안정적인 수익을 추구할 수 있다.

# 업종 대표주와 2등주, 그리고 히든카드주

업종 대표주를 좋아하는 곳이 참 많다. 일반투자자뿐만 아니라 기관투자자, 외국투자자, 모두 좋아한다. 펀드 포트폴리오에 업종 대표주를 넣는 경우가 많고, 일반 투자자들도 유명한 회사에 많이 투자하다 보니 업종 대표주를 투자하는 경우가 많다. 외국인 투자자의 경우 정보력이 국내 투자자에 비해 약하고 투자금액이 크다 보니 시가총액이 크고 해외에서 인지도가 있는 업종 내 1등 기업을 사는 경우가 많다. 이렇게 업종 대표주를 선호하는데 대주주지분, 연기금지분, 펀드지분, 외국인지분 등 고정물량이 꽤 많아서 실제로 유통되는 양은 생각보다 적다. 그러면 품귀현상이 발생해서 더 높은 프리미엄이 형성될 가능성도 있다. 미국의 경우 연기금이 주식시장으로 들어오면서 시총 상위주들의 가격이 급상승한 사례가 있었다. 우리나라도 연기금이 적극적으로 주식을 사들이고 있고, 이 자금의 성격상 앞으로 계속 사들일 예정이기 때문에 주식시장의 호황이 오면 품귀현상으로 인한 프리미엄이 형성될 가능성도 많다.

업종 1위 기업이 망하는 경우는 거의 없고 불황이 와도 가장 경쟁력이 있어 오히려 점유율이 늘어나고 호황이 오면 늘어난 점유율만큼 이익이 더 증가하니 상당히 매력이 있고 안정적이다. 반대로 2등주의 경우 불황 때에는 가격하락이 1등주보다 심하다가 호황이 오면 상승폭이 훨씬 크다. 변동 폭이 큰 대신 그만큼 더 높은 수익률을 추구할 수 있다는 뜻이고, 만약에 2등이 1등을 역전하게 되면 그 상승폭은 훨씬 더 커진다. 최근에 모 회사가 개발한 흰 국물라면이 만년 1등기업의 '매운 라면' 판매량을 제친 것을 기억하는가? 그 후 이 회사의 주가가 급등을 한 적이 있다. 눈여겨본 기업들이 있다면 불황기에 적절하게 분할매수를 통해 사들이는 것이 좋다. 아래 표는 각 기업의 1등주와 2등주, 그리고 업종호황기 때 업종 대비 높은 상승폭이 기대되는 히든카드이므로 투자에 참고하길 바란다.

**〈1등주, 2등주, 히든카드주의 예시〉**

| 업 종 | 1등주 | 2등주 | 히든카드 |
| --- | --- | --- | --- |
| IT | 삼성전자 | 하이닉스 | |
| 조선 | 현대중공업 | 삼성중공업, 대우조선해양 | STX조선해양 |
| 건설 | 현대건설 | GS건설, 대림산업 | 경남기업, 현대산업개발 |
| 전자 | 삼성전자 | LG전자 | |
| 자동차 | 현대차 | 기아차 | |
| 해운 | 현대상선 | 한진해운 | STX팬오션, 대한해운 |
| 증권 | 대우증권 | 삼성증권, 우리투자증권 | SK증권 |
| 통신 | SK텔레콤 | KT | LG유플러스 |
| 화학 | LG화학 | 호남석유 | 한화케미칼, 코오롱인더 |
| 정유 | SK이노베이션 | GS | S-OIL |
| 은행 | 신한지주 | KB금융 | 외환은행, BS금융 |
| 철강 | POSCO | 현대제철 | 현대하이스코 |

# 알뜰주부가
# 쇼핑하듯이 투자하라

알뜰주부가 쇼핑을 할 때처럼 꼼꼼하게 이거저거 따져보고 사라는 뜻이다. 예전에 대형마트 옆에서 살았었는데 2년 정도를 퇴근길에 마트를 동네 슈퍼처럼 이용하다 보니 대부분의 물건 가격들이 저절로 머릿속에 입력이 되어버렸다. 대형마트라고 해도 가격이 항상 싼 것은 아니고 주기적으로 특정제품 가격을 할인해서 판다. 할인 폭도 그때그때 다르다. 그래서 우연히 할인제품을 보고 이거는 평소에 얼마 정도 하고 할인 시에도 얼마 정도를 해야 하는 제품인데 훨씬 더 싸게 팔고 있다 싶으면 몇 달치 사들여서 남들보다 더 싸게 팔고 있다 싶었다. 그 후에도 물건을 살 때 주변시세보다 싼지를 확인해보는 습관이 생겼다.

주식도 마찬가지다. 정해진 가격이 없이 오르락내리락하지만 계속 관심을 가지고 지켜보다 보면 뉴스보다 내가 먼저 알게 된다. 주가가 원래 이 상태가 아닌데 유달리 내려간 주가가 있음을 먼저 발견해서 조사를 해보면 시세에 비해 과도하게 폭락을 한 상태인지 아니면 아직도 비싼 상태인지를 알 수가 있다.

이외에도 쇼핑을 하다 보면 투자에 좋은 정보를 알 수 있다. 마트에서 요새 인기가 좋은 상품을 보게 되는데 실적이 발표가 난 뒤에 주식을 사면 늦지만 특정회사의 신제품이 인기가 좋다는 것을 감으로 느끼고 회사의 주가나 재무제표가 나쁘지 않다면 과감하게 미리 매수를 하는 투자를 감행할 수도 있다. 예를 들어 어떤 라면이 부동의 1위 라면을 제쳤다든가, 최근에 나온 의류브랜드가 선풍적인 인기를 끈다든가, 최근에 나온 신차를 사려고 상당한 사람들이 예약주문을 하고 있다든가 하는 경우다. 또는 반대로 신차에 대해 불만이 상당히 많은 경우가 있다. 이런 경우 실제로 먼저 이런 사례가 발생한 후에 주가가 휘청거렸다. 먼저 이런 상황을 눈치 챘다면 손실을 보지 않았을 것이다.

이렇게 먼저 현장에서 분위기나 선호도를 알게 되면 기업의 투자에 많은 도움이 된다. 단, 이런 경우는 대중적인 제품을 파는 기업들에게만 해당이 되므로 대중에게 잘 알려지지 않은 기업에 대한 정보는 알 수 없다는 단점이 있다.

# 시기만 맞으면 펀드는 가장 좋은 재테크

이전까지는 저축을 맹신하던 시대였다면 이제는 인플레이션에 비해 턱없이 부족한 금리와 저축은행의 대규모 부실사태 등으로 인해 저축에 대한 신뢰가 깨지고 돈들은 정처 없이 떠돌고 있는 시대다. 글로벌 경제위기가 차츰 마무리되고 나면 더 이상 저축을 원치 않는 돈들이 투자자산에 쏠리면서 어딘가에 버블을 만들어 낼 것이다. 저축으로 잠자고 있던 돈에 금융위기를 극복하느라 마구잡이로 찍어낸 돈들까지 합치면 대세상승의 장은 예상보다 길 것이고 버블의 수준도 예전보다 더 커질 것이다. 즉 상당한 인플레이션이 발생할 것이라는 신호이고, 현금을 그냥 들고 있거나 은행에 넣어 둔 사람은 바보가 될 것이다. 투자자산에 투자를 동참한 사람들, 대출을 받은 사람들은 이익을 볼 것이다. 그렇다 보니 빚내서 투자하는 경우도 있을 것이고, 그렇게 되면 유동성은 더 커지고 그 유동성이 버블을 더 키울 것이다.

이럴 때 우리는 그저 넋 놓고 쳐다볼 것이 아니라 버블에 동참하는 수준까지는 아니더라도 인플레이션에 방어할 정도의 대세상승에 동참해야 한다. 제일 좋은 방법은 대세상승이 시작되기 전 또는 초기에 투자를 했다가 상승할 때마다 조금씩 매도를 하면서 수익을 확정 짓는 것이다. 이럴 때는 안정성과 수익성 둘 다 적당히 필요하다.

대세상승기가 오면 보통 가장 접근하기 좋은 재테크 수단이 펀드다. 당장 얼마 없더라도 시작할 수 있고, 따로 공부를 할 것 없이 돈만 주면 직접 투자하지 않아도 되고 전문가들이 알아서 혼신을 다해 내 재산을 불려주니 말이다. 이처럼 접근성과 편리성이 있기에 호황이 찾아오면 다시 한 번 펀드 열풍이 불 것 같다.

단지 펀드의 종류가 주식형, 채권형, 혼합형, 부동산, 원자재, 원유, 금, 물, 미술 등 다양하고, 주식형 펀드도 해외주식, 우량주, 중소형주, 그룹주, 가치주, 블루칩, 옐로칩 등 세분화 되어 있고, 채권형 펀드에도 국채, 회사채 중 신용도에 따라 수익률과 위험성이 달라지는 다양한 펀드들이 존재하기에 그만큼 선택을 하기가 어렵고 선택에 따라서 수익률이 달라지기에 신중한 선택이 필요하

다. 그렇기에 글로벌 경제가 시시각각 변하는 소식에 귀를 기울이
고, 앞으로 전망이 밝은 곳에 비중을 더 두고 여러 자산에 분산투
자를 하는 것이 가장 좋은 정답이 될 것이다. 그러니까 펀드에 대
해서도 미리미리 공부를 하자. 또 공부냐고? 공부가 다는 아니겠
지만 공부도 안 하고 돈을 벌겠다는 것은 놀부 심보다.

# 적립식과 거치식 펀드의 비교 분석

펀드의 종류는 다양해도 펀드의 형태는 적립식과 거치식 두 가지다. 종류에 따라서도 수익률이 달라지지만 적립식이냐 거치식이냐에 따라서도 수익률의 운명이 바뀌게 된다. 상황에 따라서 적합한 펀드를 고른다면 높은 수익률을 기대할 수도 있다.

일반 대다수 사람들이 주로 가입하는 펀드는 적립식 펀드다. 목돈이 필요하지도 않고 월급통장에서 매달 일정액이 자동이체되도록 해 놓으면 신경 쓰지 않아도 된다. 그리고 적립식 펀드의 특징인 코스트 에버리징 효과를 볼 수 있어서 주로 많이 추천을 한다. 그리고 매달 조금씩 돈을 넣기 때문에 적금처럼 실천이 가능하고 목돈이 들지 않아 부담도 덜하다.

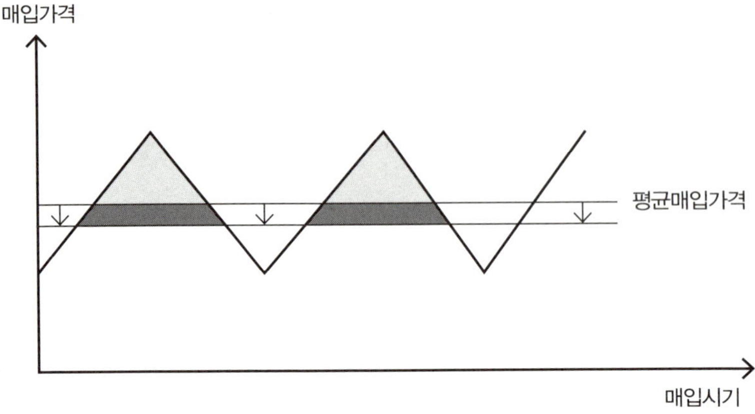


매달 내가 불입하는 돈만큼 나누어 사기 때문에 저점과 고점의
중간지점쯤이 평균 매입가가 된다. 그렇기 때문에 등락을 자주하
는 상품(증시, 원자재 등)에 투자를 하면 상품가격이 결국 오르지
않고 왔다 갔다 반복만 해도 수익을 낼 수 있다. 이것이 코스트 에
버리징 효과다.

단, 〈그림1〉에서 보면 빨간색으로 칠한 부분에서 환매를 했을
때만 수익을 낼 수 있다. 반대로 색칠하지 않은 부분에 있을 때 환
매를 하면 손해를 입게 된다. 즉, 적립식 펀드는 들어갈 때가 중요
한 것이 아니라 빠져나올 때가 중요하다.

적립식 펀드를 할 때는 장기적인 관점에서 최소한 몇 년은 묵힌다는 생각으로 해야 코스트 에버리징 효과를 얻을 수 있다. 올랐다 내렸다 하는 사이클이 아무리 짧아도 1년은 되기 때문에 길게 투자해야 효과를 보는 투자 방법이다.

여기에 조금만 더 응용해보자. 추가 불입을 통해 하락기에 평소 적립액보다 더 많은 돈을 넣는다면 평균매입가격이 더 낮아지지 않을까? 그럼 색칠한 부분은 노란색까지 더 넓어지고 수익이 날 확률은 더 높아진다. 수익률도 마찬가지로 더 오르고, 그래서 상승기 때는 평소 불입액만 납입하다가 하락기 때 여윳돈이 있으면 추가로 돈을 넣어 펀드 수익률을 극대화시키는 방법도 있다.

반대로 거치식 펀드는 목돈을 한번에 넣고 한번에 나오는 형태다. 은행의 예금과 비슷한 성격이다. 추가불입이 가능한 경우도 있지만 매달 일정액을 납입하는 방식이 아니고 목돈을 굴리는 데 적합한 방식이기에 거치식 펀드라고 정의된다. 우선 거치식이라고 해도 펀드 계좌 한 개에 몰아 넣지 말고 여러 개로 쪼개서 만드는 편이 좋다. 부분환매가 되는 펀드의 경우 상관없지만 그렇지 않은 경우 이렇게 쪼개서 만들어 놓아야 분할매도 효과를 볼 수 있다. 〈그림2〉처럼 신이 아닌 이상 최적 매도시기를 맞추기란 불가능하다. 그렇기 때문에 자기가 목표한 수익률에 가까워질 때면 시기를 나누어서 조금씩 나누어 하나씩 펀드를 환매하는 것이다. 최고의 수익률은 못 올리더라도 안전하게 수익을 낼 수 있는 방법

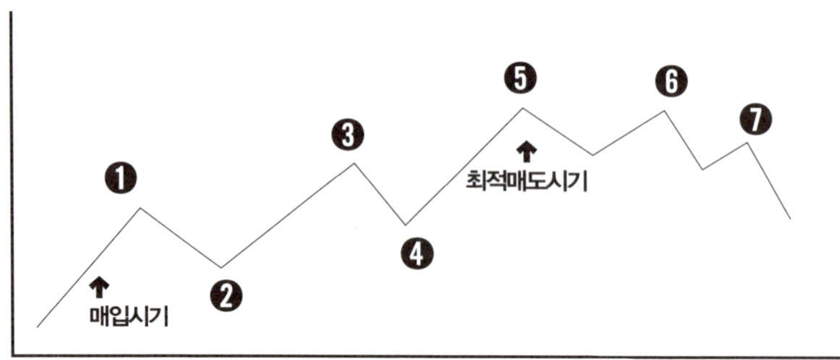


이다.

　적립식과 달리 거치식은 〈그림2〉처럼 올랐다 내렸다 여러 사이클을 거치는 장기투자가 아니라 한 사이클의 바닥이라고 생각될 때 저가에 한번에 매수했다가 그 사이클의 고점이라고 생각되는 시기에 털고 나가는 단기적인 투자에 적합하다. 예를 들면 금리하락기에 채권형 펀드에 투자한다든가 또는 국제 원유가격의 바닥을 친 시점에 원유 펀드에 투자를 한다든가, 금값이 떨어지지 않고 계속 상승한다고 예상될 때 금 펀드에 투자하는 등 대세상승 시기에 같이 합류하는 방법이다. 반대로 대세 하락기에 잘못 판단하고 뛰어들면 큰 손실을 입을 수 있다. 그만큼 큰 흐름을 읽는 안목도 있어야 한다.

　비교적으로 적립식 펀드는 수익 폭과 손실 폭 모두 작기에 다소

192

방어적인 성격이 강하고, 거치식 펀드는 수익 폭을 극대화하는 대신 손실폭도 그만큼 커질 수 있기에 공격적인 방법이라고 볼 수 있다. 그리고 투자하는 돈의 목적이 장기적인 노후대비 또는 내 집 마련, 장래의 자녀 대학자금 등 안정적이고 장기적인 성격이라면 적립식 펀드에 투자하는 편이 좋고, 단기적인 목돈을 불리는 것이라면 거치식 펀드가 좋다.

# 누구나 하나는 있다는 주식형 펀드

주식형 펀드는 누구나 한 번쯤 가입해본 경험이 있을 것이다. 일반적으로 펀드라고 하면 주식형 펀드를 떠올릴 정도로 워낙 대중적인 탓에 주식형 펀드의 종류만 해도 셀 수 없을 정도이고, 거짓말 좀 보태서 눈 감았다 뜨면 새로운 펀드가 또 나와 있을 정도다.

보통 주식형 펀드라고 하면 주식이 100%인 줄 알지만 비중이 60% 이상인 펀드를 말한다. 일반적으로 비중의 90%가 주식인 경우가 많다. 그만큼 다른 펀드들에 비해 가격 변동성이 높고 높은 수익의 가능성만큼 손실도 클 수 있다.

보통 주식형 펀드의 경우 증시지수 흐름과 거의 비슷하다. 우량주들을 어느 정도 비중으로 보유하기 때문에 지수의 움직임과 비숫하게 수익률이 형성된다. 경제흐름상 국내증시가 상승할 것으로 판단되면 주식형 펀드에 가입하면 된다.

좀 더 세분화해서 알아볼까? 먼저 각 분야의 1등기업만 모아 놓은 블루칩 펀드의 경우 주식형 펀드 중에서 가장 증시지수와 비슷하게 움직인다. 각 업종 대표주라고 불릴만한 대형주, 시총 상위주들을 모았기에 기업이 부도가 날 걱정도 없고, 1등 기업이기에 독점적인 지배력이 강해서 더 성장할 가능성도 많다. 그렇기에 외국인이 한국증시의 주식들을 매수할 때 블루칩을 선호한다. 그런데 앞에서도 설명했듯이 블루칩을 선호하는 경향이 강하기 때문에 앞으로 더 오를 가능성이 있다. 그런 이유에서 주식형 펀드 중에서 안정적이면서도 인기가 많은 편이다.

다른 종류로 옐로칩 펀드가 있다. 고가를 유지하고 있는 1등주가 아닌 앞으로 오를 가능성이 더 높은 탄력적인 2등주를 모은 주식이다. 업황이 좋아진다면 2등주의 수익률은 무서울 정도로 높아진다. 블루칩 펀드보다 가격 변동성이 커서 더 높은 수익을 낼 수가 있는 대신 업황이 안 좋아지면 떨어지는 폭도 그만큼 크기 때문에 위험은 감수를 해야 한다.

다음으로 중소형주 펀드이다. 시가총액이 작아서 별로 먹을 것도 없고 빠져나오기도 힘들어 외국인 투자자나 기관투자자 등 대형자금이 유입되지 않는 중소형주들을 모아 놓은 펀드다. 시장의 관심을 받지 못해 낮은 가격을 유지하고 있으나 기업의 실적이 좋아지고 기업이 나날이 성장해 가면 그만큼 엄청난 폭의 수익을 낼 수 있는 펀드다. 유망주들을 모아 놓은 펀드다. 중소형주에서 대형주로 슈퍼스타가 된 종목들도 꽤 많다. OCI, 메디톡스, 엔씨소프트, NHN 등 한때 이름 없는 유망주였다가 톱스타가 된 주식들이 존재하기에 매력적인 펀드다. 실제로 호황기 때는 중소형주들의 상승폭을 따라올 수가 없다. 단, 그만큼의 위험성은 존재한다!

위험성을 가장 낮춘 펀드는 가치주 펀드다. 기업실적, 전망, 자산 대비 현저하게 저평가된 기업을 선별해서 적당한 수준으로 가격이 오를 때 주식을 팔아 수익을 내는 펀드다. 탄탄한 실적과 자산을 담보로 하고 저평가된 상태에서 매수를 하기 때문에 손실이 날 확률이 가장 적지만 관점은 언제 오르는가가 관건이다. 어떻게 말로 표현할 방법이 없을 정도로 참 좋은 회사인데 시장에서 알아주지 않으면 소용이 없다. 일반적으로 증시가 강세일 때는 보통 주식형 펀드가 가치주 펀드보다 수익률이 더 좋고, 증시가 횡보하거나 약세, 장기상승의 초기일 때는 가치주 펀드의 수익률이 더 괜찮게 나온다. 하락장에서도 손실이 더 적고, 그래서 방어적인 성격이 강하다고 볼 수 있다. 가치주 펀드는 투자성향상 길게 보고 기다릴 수 있는 자금으로 투자하는 것이 좋다. 적어도 10년은 묶어 둘 수 있어도 괜찮은 여유자금으로 하는 것을 추천한다.

# 금리하락기에는 채권형 펀드

채권에 대해서는 다들 알 것이다. 약속된 기간 후에 원금과 이자를 주겠다는 증서의 일종이다. 이런 의미에서 신용카드도 채권의 일종이다. 그만큼 상대방을 믿을 수 있는 신용이 중요하다. 신용이 좋을 수록 이자는 낮아지고, 신용이 안 좋을 수록 이자는 비싸진다. 돈을 떼일 가능성도 있다. 국가도 채권을 발행해서 필요한 자금을 만들어 쓰고 나중에 들어오는 세금으로 갚고 있다. 국가가 부도가 나는 경우는 거의 없으나 대신 이자는 매우 낮다. 그 이자가 국가신용도라고 볼 수 있다. 그런데 지난번 그리스 국가부도 위기 때 잠시 그리스 국채이자가 사채이자를 훌쩍 뛰어 넘을 정도로 치솟기도 했다.

그 다음으로는 지방자치단체에서 발행한 지방채, 우량한 회사의 회사채, 신용등급에 따른 회사채가 있고, 금리가 결정되고, 다른 채권의 부채가 다 청산된 이후에 마지막으로 상환을 받을 수 있는 채권인 후순위채, 마지막으로는 개인 간 거래인 사채가 있다. 뒤로 갈수록 신용이 떨어지지 않는가? 신용이 불안한 만큼 금리는 올라가게 되있다. 'High risk, High return'이니까. 그런데 채권투자 자체가 내 자산을 지키는 것이 주목적인 방어적인 성격을 띠므로 우량회사의 회사채까지만 투자를 하는 것이 좋다.

책의 앞부분에서 코스톨라니 모형 이야기하면서 채권투자는 금리하락기에 하라고 한 말 기억하는가? 채권이자도 금리하락기에는 같이 낮아지는데 왜 바보같이 그때 투자하느냐고? 잘 생각해보자. 고금리 시절에 나온 채권은 이자도 높다. 반대로 금리하락기에 나온 채권일수록 이자는 낮아진다. 여기까지는 이해가 갈 것이다. 그런데 계속 이자가 낮아지는 추세이기 때문에 이전에 고금리로 찍힌 채권은 레어 아이템이 된다. 이게 핵심이다. 즉, 희귀성이 생기는 것이다. 프리미엄을 받고 이 채권을 높은 가격에 팔 수 있다는 말이다.

이렇게 채권매매를 통해서 수익을 내는 펀드가 채권형 펀드다. 채권의 종류에 따라서 안정성과 수익성이 또 달라진다. 국채비중이 높으면 안전성이 증가하지만 이자가 낮아 수익성이 떨어지고 비우량회사채나 후순위채는 수익성이 뛰어나지만 회사부도위기가 오면 그 채권은 휴지조각이나 다름없어진다. 한때 후순위채 이자를 연 8%를 주는 저축은행 후순위채도 있었는데 그 후 저축은행이 도미노처럼 무너지면서 이 후순위채를 매입했던 사람들은 큰 손해를 입게 되었다. 그렇기에 너무 수익성만 쫓는 것은 좋지 않다. 채권형 펀드는 금리하락기에 내 자산을 지키는 목적으로 단기간 잠시 소나기를 피하는 원두막과 같다. 비가 새는 멋진 원두막보다는 허름해 보여도 비가 안 새는 원두막이 더 낫듯이 수익성보다는 자산방어가 주목적이라는 것 잊지 말길 바란다.

채권형 펀드도 적립식과 거치식이 있지만 금리주기에 맞추어 투자를 하는 것이 유리하기 때문에 금리하락기에만 적립식으로 하거나 목돈이 있을 경우 같은 시기 동안만 거치식으로 잠시 비를 피하듯이 투자하는 것을 추천한다.

# 소액으로도 가능한 부동산 펀드

부동산에 투자를 하고 싶어도 워낙 단위가 크다 보니 일반 서민으로서는 부동산에 투자한다는 것 자체가 그저 남의 나라 이야기로 들리겠지만 부동산 펀드에 가입하면 국내뿐만 아니라 외국 부동산에도 투자를 할 수가 있다.

펀드 자산의 50% 이상을 부동산에 투자하는 부동산 펀드는 주로 공모를 통해 모집하기보다는 다소 폐쇄적인 사모형식을 취한다. 또는 공모형식의 경우 다른 외국 부동산 펀드에 재투자하는 방식이 많다. 부동산에 직접 투자해서 매각차익, 관리, 임대 등으로 수익을 내기도 하고 부동산 관련 권리, 증권 또는 파생상품에 투자해서 수익을 내기도 한다. 또는 부동산 개발회사에 대출해줘서 수익을 내는 경우도 있다. 국내 부동산의 경우 펀드는 취득 후 3년 이내에 처분이 불가능하므로 매각차익을 목적으로 하는 펀드라면 장기로 보고 투자를 해야 한다. 아니면 임대수익 또는 대출 형태의 부동산 펀드에 가입을 하는 것이 낫다.

요즘은 부동산 경기가 바닥을 치고 회복 중이라고는 하지만 국내의 경우에도 지방 몇 곳을 제외하고는 부동산 가격상승이 순탄치 않다. 해외의 부동산도 한바탕 바닥을 다진 후 상승하는 중이라 매력적으로 보이긴 하지만 환율에 따라 부동산에서 이익이 나더라도 펀드 자체는 손실이 날 수도 있기에 그다지 매력적인 요소는 아니다.

그래도 직접 투자할 수 없는 단위가 큰 부동산을 적은 돈으로 투자에 참여할 수 있다는 것은 참 매력적이다. 임대수익을 목적으로 하는 부동산 펀드의 경우 펀드기준가가 평상시보다 싸게 형성되어 있는 시기에 펀드에 가입하면 꾸준한 임대수익을 얻을 수 있다. 임대형 펀드에 가입하면 직접 부동산을 구입하고 내부 인테리어를 하고 임차인을 구하고 관리를 하는 등의 수고를 직접 하지 않아도 돼서 편리하다. 수익률이 괜찮은 임대형 부동산 펀드들이 연 7~8% 정도 나오니 안정적이고 꾸준한 수익을 원한다면 포트폴리오 분산 차원에서 고려해도 좋을 것 같다.

〈부동산 펀드의 종류〉

| 구 분 | 개 념 |
| --- | --- |
| 임대형 | 부동산을 매입해 임대를 주고 나오는 임대료를 투자자에게 나누어 줌. |
| 대출형 | 건축자금을 대출해 주고 이자를 받아 수익을 내는 형태. |
| 혼합형 | 임대형과 대출형을 혼용한 형태. |
| 경공매형 | 경매나 공매로 부동산을 취득해 임대나 매각으로 수익을 얻는 형태. |
| 해외형 | 상장된 외국 리츠에 재투자 하거나 부동산 개발회사 주식에 투자. |
| 미분양형 | 미분양 아파트를 매입 후 재매각해 수익을 내는 형태. |
| 직접개발형 | 직접 개발에 참여해 분양이나 임대를 통해 수익을 내는 형태. |

# 알아 두면 쏠쏠한 특별자산펀드

주식, 채권, 부동산이 아닌 자산의 50% 이상을 일반상품(농산물, 광산물, 에너지), 동산(선박, 항공기, 건설기계, 자동차 등), 미술품, 악기, 문화콘텐츠 상품 등에 투자하는 펀드를 뭉뚱그려 특별자산펀드라고 부른다. 우리가 어쩌다 신문에서 본 농산물 펀드, 원자 재 펀드, 원유 펀드, 금 펀드, 물 펀드, 선박 펀드, 와인 펀드, 미술 펀드, 영화 펀드 등 정말 다양하고 독특한 펀드들이다. 물론 수익률도 가지각색이다. 그만큼 알고 투자해야지 무작정 뛰어들면 정말 훅 하고 간다. 그 시기에 인기 있는 것을 테마로 하는 것이라 사회 분위기 등에 따라 판매가 좌우되는 경우가 많다. 한때 와인 바람이 불어 와인 펀드가 떴었고, '명품'이라는 수식어가 절정을 이룰 때에는 명품회사에 투자하는 명품 펀드도 있었다. 부자들이 미술품에 투자해 수익을 올렸다는 뉴스가 나올 때쯤에는 미술 펀드가 뜨기도 했고, 한국영화가 흥행몰이를 하면서 수익성이 보이자 영화에 투자하는 영화 펀드도 생겼다. 현재 수익률이야 펀드 따라 다르겠지만 수익률도 유행을 타는 경향이 있다.

개인적으로 관심을 가지고 있는 펀드 중 하나는 금 펀드다. 08년부터 금값이 계속 상승하더니 11년도에 사상 최고가를 찍었다. 단순한 금에 대한 인기 때문이 아니라 글로벌 금융위기 이후로 세계의 기축통화인 달러가 붕괴될 것이라는 불안 때문이다. 지금이야 전 세계 어디를 가도 달러가 통하지만 달러 이전만 해도 금이 모든 거래의 표준이었다. 이 때문에 달러가 붕괴되었을 때 엔화, 유로화, 위안화로는 달러를 대체하기에 부족해 보이고 역시 달러 다음으로는 금밖에 없다고 보인다. 같은 기간 동안 금값 상승률에 비해 은값 상승률이 턱없이 낮은 이유도 이 때문이다. 또 금융위기가 와서 달러의 위상이 흔들릴 때는 유심히 지켜볼 필요가 있다.

반대로 글로벌 경제가 살아나면 좋아지는 것이 원유 펀드다. 경제가 활성화되면 석유 수요가 많아지면서 원유가격이 급등하게 된다. 원유 펀드의 경우 관련회사에 투자하는 것도 있고, 원유 선물에 투자하는 것도 있다. 이럴 경우 원유 선물가격에 투자를 하는 펀드가 가격이 더 많이 오른다. 단, 가격 변동성이 커서 경제위기 등으로 수요가 줄거나 OPEC에서 증산을 하는 등 공급이 늘어나면 원유가 급락하고 펀드도 타격을 받는다. 그만큼 원유가격은 중국, 미국을 비롯한 세계경제에 민감하게 반응하기 때문에 경제소식에 항상 귀를 열고 있어야 한다.

농산물 펀드도 주목하는 펀드 중 하나다. 지구온난화로 인해서 예전에는 드물던 이상기후 소식이 요새는 TV만 틀면 나오고 있다. 여름에 눈이 오고, 홍수로 수많은 사람이 죽고, 대지진이 일어나고, 쓰나미가 오고, 바닷물 온도가 조금씩 내려가서 특정지역 작물이 더 이상 자라지 못하고, 여름과 겨울은 길어지는데 봄과 가을은 짧아지고…… 점점 지구의 재앙같이 느껴지고 있다. 오죽하면 세계경제에 브레이크가 걸리는 것을 감내하더라도 탄소배출권 등 기업에게 환경규제를 세계 각 정부가 강화하겠는가. 지구온난화의 심각성이 갈수록 악화되기 때문이다.

이런 현실과 미래에서 기후의 영향을 크게 받는 농사가 제대로 지어질 리가 없다. 흉작이 잦아지고 전 세계 곡물 생산량은 크게 감소할 확률이 높다. 수요는 일정한 반면 공급이 크게 떨어지면? 폭등이 일어날 것이다. 바로 살인적인 물가상승이 일어나고 세계경제는 수렁으로 빠지게 된다. 이를 대비해 농산물 펀드는 눈여겨볼 필요가 있다. 이 펀드는 주로 옥수수, 대두, 밀, 커피 등 세계 곡

물시장에 등록된 곡물가격을 바탕으로 하는 선물에 투자하고 있다. 이상기후에 대한 뉴스가 심심치 않게 나온다면 이 펀드에 가입하는 걸 생각해봐야 할 때다.

# 경매는 쇼핑만큼 쉽다

경매라는 단어만 들으면 TV에서 보여진 이미지 탓인지 겁먹고 집에 있는 사람들을 쫓아내는 나쁘고 안 좋은 것이라고 생각하는 경우가 많다. 그렇게 생각하는 사람이 많으면 많을수록 좋다. 그만큼 내가 돈을 벌 수 있는 기회가 더 많아지는 것이니까 말이다. 실제로는 경매로 빨리 집이 처분되어야 채무자도 부담을 덜고 채권자도 돈을 회수하고 세입자도 돈을 받아 나갈 수가 있고 낙찰자도 집을 할인 받아 살 수 있어 좋다. 모두가 좋은 것인데 '나쁘다'라는 인식을 아직도 가지고 있는 사람들이 있다. 그저 감사할 따름이다.

경매라는 것은 생각보다 단순하다. 대형 인터넷 경매 쇼핑몰을 보자. 물건을 판매자가 경매로 올리면 입찰자들이 점점 높은 가격을 부르다가 가장 높은 가격을 부르는 사람이 사간다. 실제 경매도 다를 것 하나 없다. 최저 입찰가보다 높게 써낸 가격 중 가장 높게 쓴 사람이 낙찰받아서 잔금을 납부하고 부동산을 받아 가는 것이다. 단지 더 싸게 사기 위해 공부를 더 할 뿐이다. 싸게 사면 살수록 수익률이 올라가니까 더 싸게 사려는 사람들 간의 치열한 싸움이 벌어지는 것이다. 예를 들면 인기가 좋은 아파트의 경우에는 경매로 사도 남는 것이 별로 없다. 누구나 접근하기가 쉽고, 딱 봐도 얼마를 써야 하는지 뻔하기에 크게 남는 것이 없는 것이다. 일종의 레드오션이라고도 볼 수 있다.

반대로 아직 경쟁이 치열하지 않은 블루오션을 노리면 꽤 높은 수익을 낼 수 있다. 더군다나 경매의 경우 경락대출을 이용하기 때문에 적은 돈으로도 시작이 가능하고 레버리지 효과로 큰 수익을 낼 수 있다. 부동산투자는 주식투자와 달리 가격이 잘 떨어지지 않고 떨어져도 많이 떨어지지는 않기 때문에 레버리지를 써도 다소 안정적인 편이다. 예를 들어 1억짜리 집을 8,000만 원에 낙찰 받았다고 하자. 내 돈 2,000만 원과 대출받은 돈 6,000만 원으로 구입 후 바로 1억에 되팔았다. 그럼 실제로 나는 2,000만 원으로 2,000만 원을 벌었으니 순식간에 100% 수익을 얻는다. 세금 등의 문제를 빼고 단순하게 계산한 것이지만 경매가 상당히 매력적으로 보이지 않는가?

실제로 경매는 적은 돈으로도 투자가 가능한데 비해 투자수익이 쏠쏠한 경우가 많아서 경매로 돈을 번 사람들을 종종 볼 수 있다. 공무원 5년차인 지인이 있는데 어린 나이에도 불구하고 경매를 통해 아파트 두 채를 보유하고 있고, 임대수익 등을 통해 월급만큼의 수익을 내고 있다. 거기에 아파트 가격까지 펄쩍 뛰어 지금 팔아도 꽤 많은 시세차익을 남길 수 있다. 맨 손으로 시작해 총재산에서 빚을 빼도 억 단위니 주변사람들이 부러워할 따름이다. 그럼 같은 5년차인 당신은? 배가 조금씩 아파지지 않는가? 경매를 조금 공부하면서 아픈 배를 달래 보자.

# 소형 주택을 노려라

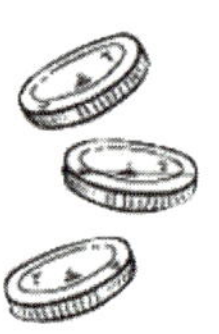

요즘 같은 부동산시장 추세로라면 단기적으로는 몰라도 장기적으로는 집값이 쭉쭉 오르기는 힘들다. 수요가 공급보다 훨씬 많아야 집값이 오르는데 인구 수가 줄고 있기 때문이다. 하지만 가족들이 같이 거주하는 기간보다 노부부끼리 지내는 기간, 독립해서 혼자 사는 기간, 신혼부부로 있는 기간 등이 더 길어지면서 대형평수의 아파트보다는 소형 아파트나 원룸 등의 수요는 계속 늘어날 전망이다. 즉, 소형 주택에 투자하는 것은 아직까지는 성장성이 존재한다. 건설사들이 소형보다 대형 주택을 지어야 이익이 많이 남기에 소형 평형을 짓기를 꺼려해서 아직도 공급이 부족한데 지금보다 더 싸게 지을 수도 없다. 즉, 소형 주택은 임대가 잘 나가고 가격이 떨어질 걱정도 없다는 뜻이다. 그래서 대규모 브랜드 원룸단지가 난립하는 시절이 올 때까지는 소형 주택(원룸) 경매에 집중하는 것이 좋다.

소형 평수이다보니 매각차익도 그렇게 크게 나지는 않고 괜찮은 지역은 이미 가격이 많이 오른 상태라 임대수익률이 많이 나지 않는다. 더구나 수도권 지역은 집값이 비싸 임대가 잘 나가도 임대 수익이 많이 떨어진다. 그래서 주로 지방의 원룸 또는 원룸형 주택을 눈여겨보아야 한다.

임대수익률= (월세×12)÷(낙찰가-보증금)×100

지방의 일반적인 원룸 평균 임대료는 500/30 정도다. 위의 임대수익률 공식에 대입을 해보면(10=(30×12)÷(낙찰가-500)×100) 최소 임대수익률이 10%는 되어야 하니까 낙찰가격이 4,100만 원 밑으로 내려가야 한다. 임대수익률이 20%가 되려면 (20만 원=(30만 원×12개월)÷(낙찰가-500만 원)×100) 2,300만 원에 낙찰을 받아야 한다는 이야기다. 만약에 낙찰을 받아 각종 수리 및 도배 등을 하고 옵션을 좀 더 넣어 월세를 35만 원을 받는다고 하면 4,700만 원에 낙찰을 받아야 임대수익률이 10%가 되고, 2,600만 원에 낙찰을 받아야 20%가 된다. 이런 이유에서

서울은 임대수익을 보고 투자하기가 힘들고, 싸게 낙찰을 받을수록 유리하기에 지방 쪽에 오히려 먹을 것이 있다. 그리고 싸게 낙찰을 받을수록 매각차익이라는 안전마진을 남길 수가 있다.

예를 들어 보자. 500/35 기준, 임대수익률 10%로 하는 원룸의 적정시가는 4,700만 원이다. 이 원룸을 3,500만 원에 낙찰을 받았다. 그럼 임대수익률은 14%다. 이렇게 되면 두 가지를 얻게 된다. 14%의 임대수익을 얻다가 1,200만 원(세전)의 매각차익을 얻을 수 있다. 또는 경락대출 또는 저리로 직장인신용대출을 받아서 샀을 경우 약 연 7% 대출금리라고 쳐도 내 돈 거의 안들이고 7%(14%-7%)의 연수익을 얻거나 매각차익을 얻을 수도 있다. 무자본으로 수익을 내는 일명 무한대 수익을 얻을 수가 있다.

소형 주택이라 한번에 큰돈을 못 만질 뿐 1년에 몇 건씩만 낙찰에 성공해도 웬만한 연봉만큼 수입을 얻을 수 있다. 경매의 달인이 돼서 여러 파이프라인을 건설해보자.

# 더 싸게 낙찰 받으려면?

싸게 매입할수록 남는 것이 많다는 것은 반대로 생각하면 싸게 못 사면 고생만 하고 남는 것이 없다는 의미이므로 경매에 대해서 더 깊이 공부할 필요가 있다. 요새는 경매 관련 서적들이 읽기 쉽게 나와서 이해하기도 쉽고 실례중심이라 적용하기 좋다. 10년 전만 해도 이렇게 쉽게 나온 책들이 없어서 정말 어려웠다.

싸게 낙찰받으려면 유찰이 된 물건을 골라야 한다. 그런데 유찰이 많이 되었을수록 문제가 있거나 꺼림칙한 물건들이 많다. 권리 관계가 복잡하게 얽혀 있거나 보증금을 물어줘야 하는 경우가 많다. 그렇기 때문에 경쟁이 치열하지 않고 할인된 가격에 팔리는 것이다. 우리가 해야 할 일은 이런 물건들을 자세히 권리분석해

실제로는 물어주지 않아도 되는 물건을 찾아내는 것이다. 보통 복잡해서 그냥 지나치는 경우가 많아 경쟁이 덜 치열하고 그만큼 큰 수익을 남길 수가 있다. 물론 이런 물건을 찾으려면 권리분석에 능통해야 하고 직접 임장을 발로 뛰면서 위장전입 등을 찾아낼 정도의 센스가 있어야 한다. 저당권이 먼저 잡혀 있어도 소액임대차 보호법에 의해 그 후에 전입해 온 세입자라 하더라도 해당되는 범위 내의 보증금을 물어줘야 한다. 예를 들어 3,500만 원에 낙찰을 받았다고 하더라도 보증금 500만 원을 내고 사는 세입자가 있으면 그 돈까지 물어줘야 하니 실제 인수가는 4,000만 원이다. 이런 점 때문에 유찰이 되었던 것이기도 한 것이다. 하지만 위장전입이라는 사실이 드러났을 경우에는 이 보증금을 물어주지 않아도 된다. 이런 보증금을 노리고 채무자와 짜고 위장전입을 하는 경우가 종종 있으니 이런 것을 눈치 챌 수 있는 센스를 기르자.

권리분석을 통해 수상한 것을 찾아내고 직접 임장을 다니면서 이런 사실을 발견한다면 그 보증금만큼의 이익을 얻을 수 있다. 하지만 초보 때는 이런 복잡한 물건을 분석하기도 어렵고 위장전입 등을 알아낼 만한 노하우가 없으니 우선은 남보다 수익률을 조금 낮추어 낙찰을 받고 임대를 놓고 매각을 해보면서 경매에 대한 경험을 통해 보는 눈과 나름의 노하우를 터득하자. 그러다가 점차 권리분석이 복잡한 물건들 쪽으로 서서히 접근해 나가는

**〈소액 보증금 범위〉**

| 적용기간 | 지역구분 | 보증금한도 | 최우선변제금 |
|---|---|---|---|
| 2001. 9.15 ~ 2008. 8.20 | 서울, 인천, 수도권과밀억제권역 | 4,000만 원 이하 | 1,600만 원 까지 |
| | 광역시(인천, 군 제외) | 3,500만 원 이하 | 1,400만 원 까지 |
| | 기타지역 | 3,000만 원 이하 | 1,200만 원 까지 |
| 2008. 8.21 ~ 2010. 7.25 | 서울, 인천, 수도권과밀억제권역 | 6,000만 원 이하 | 2,000만 원 까지 |
| | 광역시(인천, 군 제외) | 5,000만 원 이하 | 1,700만 원 까지 |
| | 기타지역 | 4,000만 원 이하 | 1,400만 원 까지 |
| 2010. 7.26 ~ 현재 | 서울 | 7,500만 원 이하 | 2,500만 원 까지 |
| | 수도권과밀억제권역 | 6,500만 원 이하 | 2,200만 원 까지 |
| | 광역시(안산, 김포, 광주 포함) | 5,500만 원 이하 | 1,900만 원 까지 |
| | 기타지역 | 4,000만 원 이하 | 1,400만 원 까지 |

것이 좋다.

그리고 경매에서 제일 중요한 것은 실천이다. 아무리 이론공부를 열심히 하고 머릿속이 꽉 차 있어도 한번 몸으로 부딪혀 보는 것이 더 좋다. 바로 당장 대법원 경매 사이트에 접속해서 내가 제일 잘 알고 있는 우리 동네 매물부터 보고, 임장도 한번 해보고, 법원에 직접 가서 경매현장도 살펴보면서 경험치를 쌓아 보길 바란다.

# 입찰하러 가기 전에
# 이것만은 확인하자

대법원 경매 사이트를 통해 괜찮은 물건이 들어왔다고 이거다 싶어 대뜸 입찰하러 갈 것이 아니라 직접 그곳에 직접 가보고 무언가 잘못된 것은 없는지 어떤 호재가 숨어 있는지 찾아보며 위험률을 낮춰야 한다. 그리고 그 동네만 분석하기보다는 그 지역에서 그 동네의 입지나 역할 등을 고려해야 한다. 내가 주로 지켜보는 지역인 포항, 천안, 대전, 부산, 창원, 광주, 목포는 택시기사를 해도 될 정도로 그 곳 지리를 빠삭하게 외우고 있다. 주로 유동인구가 풍부하고 일자리와 대학교가 많아 원룸 수요가 풍부한 곳들이다. 지역들을 잘 분석해야 한다. 어느 지역에서는 어느 권역이 개발이 한창이고, 어느 쪽으로 회사나 대학교가 들어오고 빠져나가는지, 죽어가는 번화가인지 성장하는 번화가인지, 대중교통이 편리한 곳인지, 왜 이 동네만 집값이 싼지 등 여러 측면에서 생각하고 고려해야 한다.

입찰하러 갈 때 기왕이면 아침에 가서 출근길을 한번 보자. 버스정류장에 서서 주로 타는 승객들을 관찰해 보면 이 동네주민의 주 연령층을 알 수 있다. 대학생 또는 젊은 직장인들이 많을수록 원룸 수요가 많다는 뜻이다. 버스는 자주 오는지 이용객은 많은지 잘 체크하자. 출근시간이 끝나면 이제 집 주변을 둘러보자. 집에서 정류장까지의 거리, 주도로와의 거리, 번화가와의 거리, 주변 마트나 배달음식점의 개수, 주차공간의 유무 등을 살펴봐야 한다. 접근성이 좋아야 출퇴근 및 통학이 편리하기에 선호도가 높고, 수요자가 많아 공실률을 줄일 수 있다. 젊은이들은 번화가에 거주하는 것을 선호한다. 마트나 배달음식 집이 많다는 것은 야식이나 배달음식을 시켜먹는 독신층 또는 젊은 세대가 많다는 증거다. 이들이 주로 원룸의 고객들이기 때문에 이들이 많을수록 수요가 많은 곳이라 원룸 임대료를 조금 높여도 공실률이 잘 떨어지지 않는다. 즉, 그만큼 더 많은 이익창출이 가능한 곳이다. 임대사업에서는 공실률이 가장 큰 리스크이기 때문에 공실을 최대한 줄이는 것이 중요하다. 따라서 위에서 말한 대로 수요가 높은 곳인지를 확인해야 한다.

그러고 나면 슬슬 부동산들이 문을 여는 시간이 된다. 이제 주변 부동산을 다니며 시세를 확인하고 해당건물의 다른 방들도 보면서 내부장식이나 옵션은 어떤 것들이 있는지 봐 두자. 포항 일부지역의 경우 평수도 넓고 위치도 좋고 옵션도 상당히 좋은데 임대료는 그에 맞지 않게 턱없이 낮다. 지역마다 차이가 있으니 이 정도 평수와 옵션에 얼마 정도로 가격이 형성되어 있는지 알고 있어야 한다. 그리고 한번 깎아 달라고 해봐서 얼마까지 깎아 주나 잘 봐야 한다. 아무리 말을 잘 해도 안 깎아 준다면 그만큼 수요가 많다는 뜻이고, 깎아 준다면 할인된 가격이 실제 임대료라는 뜻이다. 계약을 안 하려고 하는데 중개업자나 집주인이 계약을 하자고 조른다면 그만큼 수요가 적고 공급과잉이라는 뜻이기에 이런 지역에서는 제값을 받기 힘들다.

이렇게 사전준비를 마친 뒤, 직접 매물로 나온 집을 찾아가서 집 주인에게 양해를 구하고 집에 들어가서 재빨리 옵션 및 상태를 확인해야 한다. 어디어디를 수리를 해야 할지, 옵션은 어느 정도 있으므로 어떤 옵션만 더 추가하면 될지를 체크해서 낙찰 후 추가비용을 계산해봐야 한다. 그리고 이 정도 집이면 관리가 잘 됐느니 상태가 양호하느니 내부구조가 잘 되어 있느니 실평수가 다른 곳보다 더 넓게 나왔느니 하면서 이 정도면 고가에 팔릴 것 같다고 띄어 준다. 이러면 거주자의 기분도 좋게 할 수 있고, 그 이

후에 집 보러 오는 경쟁자들에게 이 정도 가격 이상을 배팅하라는 무언의 압박이 되어 그들이 먹을 것이 별로 없다고 판단하게 만들어서 입찰을 포기하게 할 수도 있다. 만약 집에 아무도 없다면 연락처와 간단한 메모를 현관에 남겨 놓고 나중에라도 협조를 받아 집 구경을 하도록 하자. 야간에도 한 번 가 보고, 통행인구가 많은지, 치안상태는 어떤지 살펴보고, 인근 거주자 및 상인으로부터 이 곳 상황을 자세히 듣는 것이 좋다. 귀를 잘 열어 두어야 고급 정보를 얻을 수 있고, 부동산을 보는 눈을 기를 수 있다.

# 경매 절차 미리보기

간단하게 경매 절차에 대해서 알아보자. 첫 단계는 대법원 경매 사이트 혹은 유료경매매물 사이트에 가서 매물을 보는 것이다. 지역별, 종류별 등으로 볼 수 있으니까 해당지역에 원하는 물건들을 쭉 보고 그 중에 괜찮은 물건을 찾아보자. 해당매물을 클릭하면 이에 대한 상세정보를 볼 수 있다. 지도상 위치, 평면도, 채무내역, 저당권 관련 순위 등 대부분의 필요한 자료를 간단한 클릭만으로도 확인할 수 있다. 유료사이트에서는 이보다는 좀 더 편리하게 되어 있기에 돈 조금 더 주고 유료사이트를 이용하는 것도 괜찮다.

그 다음 임장을 통해 직접 발로 뛰면서 물건에 대해서 집중분석해보고 사야겠다는 확신이 드는 물건만 입찰서를 제출하자. 법원에 가서 입찰서와 계약금(10%) 수표를 내면 끝! 이제 입찰이 끝나고 낙찰받지 못하면 다시 돈을 돌려받고, 낙찰받게 되면 항소 기간이 지난 후 낙찰증명서를 가지고 경락대출을 받은 뒤 내 돈과 대출금을 합해 기간 내에 잔금을 입금하면 내게 소유권이 생긴다. 하지만 여기서 끝은 아니라는 점!

아직 내 집에 살고 있는 세입자를 내보내지 못했다. 이 사람들을 내보내야 세입자를 받든 내가 살든 할 수 있다. 이제 이 사람들을 내보내야 한다. 두 가지 방법을 쓸 수 있다. 강제인도명령을 통해 법원에 사람을 시켜서 강제로 쫓아내는 강력하고 확실한 방법이 있는데 이건 돈이 좀 든다. 다른 방법은 세입자와 잘 이야기해서 이사비를 좀 보태 주고 얼른 내보내는 방법이 있다. 재계약을 하는 방법도 있다. 그런데 어떤 사람들은 돈을 당연히 받아야 나가는 것처럼 당당하게 굴기도 한다. 얼마나 이에 잘 대처하느냐에 따라서 이런 부분에서 돈이 새나가느냐 마느냐가 달려 있다. 아쉬운 사람은 나가야 하는 사람들이지 낙찰자가 아니기 때문에 절대기에 눌리지 말고 강하게 나가도 된다. 물론 소액임대차보호법에 해당되는 세입자의 경우에는 법에서 정한 만큼의 보증금을 돌려줘야 한다. 이 경우에는 서로서로 줄 것은 주고 받을 것을 받아야 하기 때문에 크게 문제가 되지는 않는다.

이제 집을 받았으면 집을 다시 정비하자. 우선 쭉 둘러보고 곰팡이가 있거나 벽지가 젖어 있거나 물이 새는 곳이 있는지, 벽지는 새로 해야 하는지, 물은 잘 나오고 변기도 잘 내려가는지, 기타 문제되는 곳이 있는지 잘 보고 견적을 세우고 가장 저렴하게 재료를 사서 직접 하거나 아니면 업자에게 맡긴다. 참고로 내 경우 먼 거리가 아니면 직접 벽지 사서 끊어다가 도배를 하고, 그 외의 것들도 할 수 있는 것은 직접 다 해보고 잘 안 되면 기술 좀 있는 친구들에게 부탁해서 한다. 먼 거리의 경우 차비가 더 나올 수도 있으니까 이런 경우에는 보통 부동산에 물어 보면 제휴된 업자들이 있으므로 알아서 잘 처리해 준다. 간단한 원룸계약 정도야 집 주인과 세입자가 직접 하면 복비를 아낄 수 있어 좋지만 일일이 신경을 쓰기 힘들고 부동산을 끼고 해야 세입자들이 안심하고 계약을 하는 세상이라 이 부분은 부동산에 일임하는 편이 좋다. 한번 거래로 부동산과 잘 터 놓으면 다음에 관리 및 다른 정보를 얻는 데 많은 도움을 받기 때문에 이 부분에서 돈을 좀 쓴다고 해서 꼭 손해라고 생각하지는 않는다.

이제 세입자가 들어오고 계약도 했으니 매달 통장에 돈이 차곡차곡 쌓이는 것만 보면 된다. 어떤가, 경매가 생각만큼 어려운 것은 아니지 않은가? 직접 해보면 그렇게 어려운 것이 아니니 처음에는 이득이 적게 나도 안전한 물건부터 하나씩 해보면서 감을 익혀 보자.

# 뜨는 지역, 수시로 체크하자

시간이 날 때마다 눈여겨본 지역들을 한 번씩 둘러보곤 한다. 자주는 못 가더라도 여행간다는 생각으로 방문해 주변 일대에 새로 들어선 건물이나 도로를 살피고, 부동산이나 게시판에 붙은 게시물들을 보면서 시세가 어떻게 바뀌는지 보고, 그 동네 분위기도 한번 느껴보고, 그러고 나서 시간이 나면 그 지역 맛집도 가보고, 관광지도 가보고, 등산도 해보면서 그 지역의 기운을 최대한 잔뜩 느끼려고 노력한다. 경매를 위해서도 도움이 되지만 그 지역문화를 이해하고 몸으로 느낄 수 있고, 여행도 하고 공부도 되고, 대략 1타 3피 정도는 되는 것 같다.

2005년에 우연히 발견한 지역이 있는데 지금까지도 상당한 호감을 가지고 지켜보는 지역이다. 이 지역 말고도 더 좋은 지역도 많겠지만 이 지역을 예로 설명을 해보겠다. 내가 발견한 곳은 부산 해운대구 반여2, 3동이다. 부산은 현재 동쪽 위주로 개발이 한창이다. 불균형 개발이라는 말이 나올 정도로 동쪽으로 서쪽의 도로 및 집값, 인프라 등의 차이가 크게 나고 있다. 특히, 해운대구는 부산에서 동쪽으로 치우친 구석에 위치함에도 불구하고 부산의 강남이라고 불릴 정도로 개발이 한창이고 집값이 치솟고 있다. 예전에는 일자리가 많지 않아 베드타운 성격이 강했지만 대형병원, 울산-해운대 고속도로, 센텀시티, 초대형 백화점 2개 등 인프라가 더 확충됨으로 인해 자족기능을 갖춘 완성형 도시에 가까워지고 있다. 이러다 해운대시가 새로 생길 판이다. 해운대 해수욕장이라는 세계에서도 보기 힘든 백사장을 갖춘 국제적인 휴양지 덕에 초호화 빌딩들이 세워져 마치 홍콩과 비슷한 인상을 준다. 거대한 해수욕장과 대형 호텔, 초고층 주상복합건물, 대형 멀티플렉스 및 대형 상권, 배후 신도시, 대규모의 불꽃축제, 광안대교 야경, 부산 국제영화제 등 휴양지와 인프라와 볼거리를 가지고 있는 곳은 해운대구가 국내 유일하다고 볼 수 있다. 그래서인지 부산에서도 해운대가 집중개발되고 있고, 지역홍보효과를 극대화시키기 위해서 해운대를 밀어주고 있는 모습이다.

그러나 해운대 해수욕장을 기점으로 동쪽으로 계속 개발을 하기보다는 부산 중심권과 해운대를 잇는 지역들을 개발함으로써 부산을 하나의 거대 벨트로 만들고 있다. 그 덕에 동쪽에서부터 신도시-해수욕장-마린시티-센텀시티로 이어지는 벨트가 형성되었다. 산을 깎거나 센텀시티 부근에서 좀 더 서쪽으로, 또는 광안대교 건너편을 개발하지 않는 이상 이제는 더 이상 확장할 구역도 없다. 이제 센텀시티 쪽의 집중개발이 예상된다.

센텀시티로 업무지구와 상업지구가 이전해 오면서 인프라가 완성에 이르고 있는데 이 과정에서 많은 일자리가 계속 생겨나고 있다. 이 사람들을 해운대 사람들로 채우는 데도 한계가 있어 외부인 유입이 예상된다. 일자리를 구한 사람들이 머물 원룸이 필요한데 이 근처에는 원룸이 턱없이 부족하다. 아까 말했듯이 짓고 싶어도 지을 공간이 없다. 수영강을 건너거나 동래 쪽으로 나가거나 아니면 주변일대 비싼 아파트에서 살거나 해운대에 비싼 원룸을 구해야 한다. 하지만 비싸거나 멀기 때문에 이 점이 해결책이 될 수는 없다.

이에 대한 대안이 반여3동과 반여2동이다. 반여3동은 경사가 있고, 주차난이 예상될 정도로 소형 빌라로 빼곡한 동네지만 집값이 싸고, 반여2동은 경사가 없고 나름 번화가라 집값이 3동보다는 조금 더 비싸다. 둘 다 걸어 다닐 정도로 가까운 거리라 거기서 거기라고 봐도 상관은 없다. 이 동네의 최고 장점은 집값이 싸다는 점과 센텀시티 바로 옆이라 차로 5분도 안 걸린다는 점이다. 출퇴근하기에도 좋고, 저녁이나 주말에 놀거나 쇼핑을 하기에도 좋다. 정말 좋은 위치에 집값도 부산 통틀어서 꽤 싼 편에 속한다. 예전에 판자촌이 있던 동네라는 인식과 비탈길이 존재하는 동네라는 할인요소를 고려하더라도 지리적 접근성을 생각하면 곧 개발이 될 것이고, 이런 점을 고려하면 거의 헐값에 거래가 되고 있다고 봐야 한다. 접근성 면에서는 제송동이 더 매력적이지만 반여동에 비해 집값이 많이 비싸고 마찬가지로 경사가 져 있고 원룸도 적고 원룸을 지을 자리도 별로 없다. 반면에 반여동은 13평형의 방 2개짜리 빌라가 셀 수 없이 많다. 조금만 손보면 투룸보다 더 넓게 쓸 수도 있을 정도의 공간이 나온다. 한참 눈독을 들이던 2008년도에 전세가는 1,300만 원, 월세는 500/20 또는 300/25, 경매로 낙찰 가능한 가격이 약 1,800만 원 정도였다. 그럼 임대를 놓았을 때 수익률은 $(20 \times 12) / (1800-500) \times 100 = 18.4\%$, $(25 \times 12) / (1800-300) \times 100 = 20\%$로서 상당한 마진이 예상되었고, 담보대출 및 신용대출로 구입을 했다면 실질투자금 없이 투자해서 현재 실제로는 무한대의 수익을 누리고 있을 것이다. 정말 그 당시 돈에 여유만 있었거나 좀 더 과감했더라면 그 지역 일대 빌라를 몽땅 다 샀을 텐데 실천을 하지 못한 것이 후회가 된다. 경락대출을 이용하고 보증금 받고 월세를 놓으면 굳이

<段>〈해운대구 지도〉</段>

내 자본 없이도 소유가 가능하고 임대료로 대출이자를 갚고도 한
참 남을 돈이 계속 들어왔을 것이다. 아직도 싸지만 센텀시티의
발전이 두더러짐에 따라 그 시절보다 많이 올라서 후회가 참 많이
드는 동네다. 가격도 오르고 건물도 노후화되었지만 그래도 한 번
더 고수익을 내 볼만한 지역이기 때문에 아직도 꾸준히 관찰하고
있다.

# 대출에 대한 선입견을 버리자

인기리에 방영된 드라마 〈쩐의 전쟁〉을 기억하는가? 사채업자로부터 상처받은 남자(박신양 분)가 복수를 하려고 사채업자가 되어 벌어지는 일들을 다룬 드라마다. 하지만 드라마에 나올 법한 좋은 사채업자보다는 독하거나 악덕한 사채업자들이 더 많다. 그래서 대다수가 '사채업자는 무조건 나쁘다'라는 인식을 가지고 있지만 막상 사채업자들이 사라지면 많은 영세 서민들이 더 큰 피해를 받는다. 정말로 돈이 급한데 소득 증명이 안 되고 다른 부채가 있거나 신용등급이 나쁘다는 이유로 돈을 구하지 못해 발을 동동 굴리는 사람들이 너무도 많다. 알고 보면 몇 백만 원 정도의 적은 돈인데도 돈을 구할 곳이 없다 보니 결국 이 수요를 사채로 채우고 있는 것이다.

　1금융권으로 돈을 빌릴 수 있는 사람은 그렇게 많지 않고, 2금융권이 그나마 적당한 이율이라 괜찮은 편인데 돈이 급할 때 여기서 대출을 받지 못하면 결국 사채시장에서 돈을 빌려야 한다. 그러나 우량한 업체가 아닌 무허가 고리대금업자에게 빌렸다가는 빠져나올 수 없는 늪으로 들어가게 된다. 그렇기 때문에 영세 서민을 위해서는 2금융권과 우량한 건전한 소액대출업체들이 활성화되어야 한다. 그러나 우량 소액대출업체는 주로 외국계인 경우가 많고 2금융권은 자기 앞길 헤쳐 나가기도 바쁜 상황이다.

　소액대출 사업을 하려면 대부업으로 사업자등록을 해야 하지만 〈○○옥션〉이라는 사이트를 통해 대부업 등록을 하지 않고도 5,000만 원 한도 내에서 간접투자를 할 수 있다. 이 회사는 소액대출을 중계해 주는 곳이다. 돈이 필요하면 자신의 소득증명과 채무내역, 사연, 신용등급, 원하는 이자 등을 제시하고 투자자들은 이중에 얼마를 투자할지 결정을 하면 된다. 100만 원이 필요한 사람에게 100만 원을 다 투자해도 되고 만 원만 투자해도 된다. 이렇게 빌리기로 한 돈이 다 모이면 사이트에서 돈을 빌려주고 회수를 한 뒤 투자자에게 원리금을 돌려주고 약간의 수수료를 받아 채무자가 돈을 갚지 않을 경우에도 적법한 추심을 통해 돈을 회수해 주기 때문에 투자자 입장에서는 돈만 투자하면 된다. 이자도 약 20~30%대로 2금융권 정도 수준의 이율이라 채무자도 부담이 적고, 투자자도 쏠쏠한 수익을 얻을 수 있어서 모두에게 득이 된다고 본다. 혹시라도 이 업체가 망할까 걱정될 수도 있겠지만 소액대출업계에서는 업계 1위권에 속하는 대형업체다.

소액대출에 관심이 없다고 하더라도 회원가입을 해서 돈 구하는 사람들의 사연을 한 번씩 읽어 봤으면 한다. 세상에 이렇게도 힘들게 사는 사람들이 있다는 것, 세상의 그림자 같은 곳에서 사는 사람들의 슬픈 이야기를 읽으면서 꼭 성공해서 어려운 사람들을 돕는 사람이 되어야겠다는 생각이 들 것이다. 나도 종종 이 사이트에 들려 글을 읽고 간다. 마음 같아서는 다 무이자로 빌려주고 싶을 정도로 가슴 아픈 이야기들이 너무 많다.

소액대출에 대해 투자를 하라 마라 추천을 하지는 않겠지만 어쨌든 소액대출에 너무 부정적인 선입견은 버렸으면 한다. 돈을 빌릴 곳이 없는 다급한 사람들에게 유일한 은행 같은 곳이니까……나쁜 것은 이를 악용하는 악덕사채업자들의 살인적인 이자와 불법추심, 그리고 영세 서민을 외면하는 은행이다.

# 소액대출이란 무엇인가

소액대출을 한번 해보겠다는 생각이 없으면 이 페이지는 읽지 않아도 된다. 생각과 달리 〈○○옥션〉이라는 사이트의 회수율은 실제로 꽤 높은 편이다. 기본적으로 신용이 나쁜 사람에게 돈을 빌려주면 돈을 떼일 가능성 때문에 이 리스크를 반영한 높은 이자를 책정하는데 회수율이 높기 때문에 리스크를 할인시켜 이자를 조금 더 낮게 책정해도 된다는 뜻이다. 그렇기에 낮은 이자를 원하는 우량 고객들이 몰려오고 이자에 크게 욕심내지 않으면 회수율도 높고 서로가 득을 보는 선순환 구조가 이어진다. 돈을 빌리는 사람들의 대다수가 일정소득이 있는 사람들이고 소득내역과 채무내역을 한눈에 볼 수 있기 때문에 악성고객을 걸러낼 수가 있어서 연체율도 생각보다 낮다.

그렇다고 해도 한 명에게 올인하지 말고, 골고루 분산투자를 해서 리스크를 최대한 낮추는 쪽이 좋다. 이율의 경우 채무자가 먼저 정하는데 이 경우 너무 높은 이자에 현혹되지 말고 이율보다는 직장의 여부 소득의 수준, 다른 곳의 채무규모 및 종류 등을 파악해서 성실히 갚아 나갈 사람들에게 투자하는 것이 좋다. 리스크가 큰 곳에 투자할수록 리스크를 낮추는 노력을 해야 한다.

적정이율은 20%대다. 이보다 낮으면 리스크를 반영한 수익률 치고는 낮은 편이고 이보다 높으면 리스크가 커진다. 여기에 연체율, 회수율을 고려하고 수수료를 떼면 약 20% 정도의 수익을 예상할 수 있다. 해마다 연 20%의 수익을 꾸준히 얻으면서 재투자를 반복한다면 4년마다 돈이 2배가 된다. 30년간 계속 재투자를 한다면 돈이 약 300배 정도로 불어난다. 꾸준하게 복리로 수익을 내는 것이 얼마나 위력적인지, 그리고 높은 이자로 돈을 빌리면 헤어 나올 수 없다는 사실을 깨닫게 해 준다.

하지만 단점도 있다. 한번 투자한 돈은 채무자가 정해 놓은 기간에 따라 12개월, 24개월, 36개월 등 분할납부를 하기 때문에 돈을 일시에 회수할 수가 없다는 사실이다. 돈이 한번 묶이면 전체를 회수하는 데 꽤 많은 시간이 걸려서 상황에 따라 투자대상을 바꿀 수가 없다는 점, 5,000만 원 이상은 대부업 신고를 해야 하기에 규모의 돈을 굴릴 수가 없다는 점, 언제든지 채무자가 돈을 떼먹고 잠적할 수 있다는 점 때문에 자신의 재산을 몽땅 다 투자하는 일은 없어야겠다.

그럼에도 불구하고 투자자는 만족할 만한 수익을 내고 채무자는 급한 사정을 해결할 수 있으며 내 작은 돈이 누군가에게는 인생에 큰 위기를 벗어나는 데 쓰일 수 있다는 점에서 한번 해볼 만한 투자가 아닐까?

# 내 돈 빌려주지 말아야 할 사람들

내 돈은 소중하기에 돈을 쓰는 데 있어서 항상 신중을 기해야 한다. 수익에 눈이 멀어 이성을 잃고 빌려주면 그만큼 떼일 가능성이 높다. 친구에게 돈을 빌려주었다 친구도 잃고 돈도 잃은 경험을 해본 사람이 있을 것이다. 돈을 빌리는 것만큼 빌려주는 것도 정말 어려운 것 같다.

소액대출에 있어서도 돈을 빌려주지 않는 편이 나은 부류를 살펴보자. 제일 조심해야 할 사람들이 화려한 꽃처럼 벌들을 유혹하는 사람들이다. 이자도 높게 주고 갚을 능력도 있고 돈 갚을 계획도 확실한 사람들이다. 글을 읽으면 다른 사람들보다 확실한 느낌이 들게 한다. 그런데 잘 생각해보자. 이런 사람이 대체 어떤 것이 아쉬워서 고금리로 돈을 조달할까? 그 정도 조건이면 주변에서도 충분히 빌릴 수 있을 텐데 말이다. 이런 사람들의 경우 한껏 빌린 다음 잠적하거나 파산신청을 해버리는 것을 종종 봤다. 한마디로 투자자들을 제대로 엿 먹이는 유형이다.

또 다른 유형은 주식, 도박 등을 목적으로 돈을 빌리는 사람들이다. 한방을 노리기 위해 남의 돈을 빌리는 사람들인데 이미 이 지경까지 온 사람들은 끝난 인생이라고 봐야 한다. 그렇게 능력이 있었으면 벌써 부자가 되었지 사채시장에 돈을 꾸러 다니지는 않았을 것이다. 이런 사람들 글은 쳐다도 보지 말자.

다른 유형으로는 무턱대고 우선 빌려 달라고 하는 경우다. 이 경우에도 빌려주면 안 된다. 다른 이유에서 이렇게 나올 수도 있겠지만 보통 심리학적으로 봤을 때 피해의식이 만연한 사람이라 돈 좀 있는 사람이 나같이 돈 없는 사람에게 돈을 빌려주는 것은 당연한 것이고 부모 잘 만나서 돈 많은 사람 돈 좀 나눠 쓰는 거니까 '안 갚아도 나쁜 행동이 아니다'라는 무의식이 잠재되어 있는 사람이다. 설마 이런 사람들이 있을까? 진짜 있다.

돈이 중요하고 수익도 중요하고 인생도 중요하지만 그만큼 중요한 것 중 하나가 사람인 것 같다. 돈이나 이자를 보고 투자하지 말고 사람을 보고 투자를 해야 한다. 『허생전』에서 보면 허생에게 변 부자가 1만 냥을 빌려주는 이야기가 나오는데 변 부자가 허생의 언변에 넘어갔다기보다는 허생이라는 사람을 보고 1만 냥을 투자한 것이라고 생각한다. 허생도 대단하지만 변 부자의 사람 보는 안목도 뛰어났던 것이다. 그 정도 부자가 되려면 사람 보는 안목도 있어야 한다. 돈을 갚으려는 사람은 어떻게 해서든지 갚으려고 하고, 그렇지 않은 사람은 어떻게 해서든지 안 갚으려고 용을 쓴다. 변 부자처럼 사람을 보는 눈을 가지지 못하면 돈도 잃고 사람도 잃고 배신감으로 인해 사람과 사람 사이의 믿음마저 잃게 된다. 인생이라는 것이 사람과 사람 사이의 끊임없는 관계의 연속인데 신뢰라는 것을 잃어버리면 인생에 있어서 아주 소중한 것을 잃어버리는 것이다.

결론은 애초에 떼일 확률이 높은 사람에게 돈을 빌려주고 상처받지 말라는 것이다. 높은 이자에 속지 말고 돈을 빌리는 목적, 돈 갚을 상환능력, 타 대출상황, 신뢰성 등을 바탕으로 잘 체크해보고 의심해보고 이상이 없을 때만 빌려주자.

# 직장인이 창업을 하면 망하는 이유

요새는 정년퇴직을 하는 사람이 거의 없고 대다수가 도중에 직장에서 나온다. 가끔은 젊은 나이에도 일찍 그만두고 창업을 하는 사람들도 있다. 지인 중 젊은 나이임에도 불구하고 탄탄한 직장을 그만두고 인천에서 큰 의류매장을 차려서 성공한 사람도 있다.

평생직장이라는 단어가 화석이 되어가는 세상이다. '아직 나는 멸종되지 않은 철밥통이다'라는 안일한 생각보다는 만약을 위한 공부와 준비는 필요하지 않을까?

창업이라는 것이 급하게 남들 유행하는 것 하나 대충 따라서 차린다고 해서 되는 것도 아니고 생계를 유지할 정도로 운영되는 가게보다 적자를 못 이기고 망하는 가게가 더 많기에 철저한 사전 조사와 준비가 갖춰지지 않은 상태에서 도전하는 일은 없어야 한다.

최소한 업종의 흐름을 파악하고 목이 좋은 곳을 가려낼 줄 아는 안목, 원가+임대료+인건비를 고려한 예상이익을 도출할 수 있는 분석력과 남은 인생을 여기에 걸겠다는 강한 열정과 서비스정신, 다른 가게와 차별화를 할 수 있는 창의성 등을 갖춘 뒤에 시작을 하는 것이 좋다.

앞으로 평균 수명이 100세는 훌쩍 넘어갈 텐데 은퇴 후 수십 년은 나에게 넉넉한 노후를 즐기게 해 줄 창업이 되려면 신중하고 깊이 생각한 다음에 시작하는 것이 좋다. 퇴직자금으로 창업을 할 여력이 한 번에서 두 번 정도밖에 되지 않으니 충분한 사전분석을 먼저 하도록 하자.

만약 충분한 사전분석 없이 바로 창업을 시작한다면 어떻게 될까? 요새 창업으로 성공하기가 워낙 어렵다 보니 나온 말인지 몰라도 직장인이 창업을 하면 망한다는 속설은 어느 정도 맞는 편이다. 워낙 창업해서 망하는 경우가 많은데 대부분 직장을 그만두고 마땅한 가게를 찾다가 너무 섣불리 결정하는 바람에 적자를 허덕이다 퇴직금마저 다 까먹은 경우가 많기 때문이다. 임대계약기간이 남아있어 어쩔 수 없이 버티고 있는 경우까지 합치면 창업으로 생계를 유지하는 정도만 해도 대박이라고 봐야 할 것이다. 실제로 상가를 지나다 보면 보통 상가 계약기간인 2년 주기로 계속 주인이 바뀌는 가게가 참 많다. 그마저도 못 견디고 바뀌는 가게들도 있다. 어쨌든 그런 속설은 꼭 진실은 아니더라도 파리 날리는 가게가 천지라 나온 말인 듯하다.

그럼 안 망하고 창업으로 제 2의 인생을 살아갈 수 있는 방법을 알아보자. 제일 중요한 첫째는 돈을 올인하지 말고 열정을 올인해야 한다. 망하는 가게가 수두룩한 상황에서 가진 돈 전부를 건다는 건 카지노로 전 재산 싸들고 가는 것만큼 위험한 일이다. 하지만 작은 가게 하나 차리려고 하면 지방에서도 2억 정도는 들어가다 보니 올인하고 싶지 않아도 올인할 수밖에 없다. 이런 경우 목 좋고 확실한 아이템을 갖고 공동투자를 함으로써 위험부담을 분담하는 것도 좋다. 돈은 똑같이 내고 지분만 투자할 사람, 경영에 참여할 사람, 확실히 역할을 정하고 시작하면 부담은 줄고 열정은 몇 배로 늘어나서 좋다. 실제로 홍대 앞 유명한 카페는 4명이 돈을 모아 지분만 투자하고 경영인을 따로 고용해서 운영하고 있다. 요새는 가게들이 대형화, 브랜드화되어야 살아남을 가능성이 크기에 창업비용이 상당히 많이 든다. 마음 맞는 사람들과 돈을 모아야 설립이 가능한 경우도 많다.

그리고 외식업은 이제 그만! 제일 많이 망하는 업종이 외식업인 것을 아는가? '먹는장사가 남는 장사'라는 말이 무색하게 수많은 외식가게들이 문을 닫고 있다. 진입이 쉽고 경쟁이 치열하고 유행을 잘 타서 안 그래도 레드오션인데 독창성과 뛰어난 맛도 없이 무턱대고 시작하니 그럴 수밖에 없다. 정말 손님을 기쁘게 해 주는 서비스 정신으로 철저히 무장되어 있고 최고의 위생, 적극적인 홍보는 기본 덕목이고, 다른 집과는 차별되는 독특한 밑반찬, 어디 가도 볼 수 없는 독특한 메뉴, 뛰어난 맛 등이 누가 봐도 성공하겠구나 싶은 수준이 아니면 시작도 하면 안 된다. TV맛집 또는 그 지역에서 잘 나간다는 식당 등을 잘 살펴보고 이 가게들을 이길 수 있겠다 싶을 때 시작하길 바란다.

또 다른 실패 이유는 업무환경 변화다. 평생을 샐러리맨으로 살다가 직접 경영을 하려다 보니 모든 것이 적응이 안 된다. 기업홍보, 품질 유지 및 개선, 인원관리, 신제품 연구, 원가절감, 고객확보 및 서비스 유지, 회계관리 등 전반적인 모든 업무를 해야 하는데 내가 노력하는 만큼 대가로 들어오는 현실에 적응하기가 쉽지가 않다.

직장인 시절에는 잘하든 못하든 수익은 같았지만 이제는 내가 발에 땀나도록 뛰어다녀야 수익이 늘고 잠시라도 아차 하면 내리막길을 걷는, 딱 노력하는 만큼만 버는 현실이 버겁게 느껴질 것이다.

그리고 서비스 정신의 결여도 문제가 된다. 본인도 모르게 굳어져버린 습관을 다 버려야 한다. 마치 다시 논산 가는 기차를 탔다는 심정으로 그동안의 자기 자신을 다 내려놓고 새로 시작해야 한다. 항상 밝은 미소를 유지하고 잘못한 것 없어도 고객에게 사과를 해야 하는 억울한 상황에도 고객이 왕이라는 서비스 정신을 잊지 말아야 한다. 고객이 말하기 전에 먼저 물어보고 필요한 것을 챙겨 주는 영업정신이 몸에 배어 나올 때까지 노력해야 한다. 이 부분을 고치는 것이 가장 어렵다. 손님이 와도 무표정하고 기력이 없고 무언가 우울해 보이거나 짜증을 내거나 퉁명스럽게 내뱉거나 하면 장사는 접는 것이 낫다.

창업을 하는 순간 이제 다른 인생을 살게 되는 것이다. 새로 태어났다고 생각하고 새롭게 살아가길 바란다.

# 프랜차이즈의 함정

이제는 분식집마저 프랜차이즈가 장악했을 정도로 프랜차이즈의 인기가 절정을 달리고 있다. TV나 신문에서도 체인점 모집광고가 가득하고, 식당, 영화관, 카페, 빵, 분식, 편의점, 병원, 안경점, 카센터, 서점, 문구점 등 전 분야에서 브랜드화가 이루어지다 보니 그 지역의 독점적인 점유율을 가지고 있지 않는 한 프랜차이즈 가게들에게 자리를 내 주고 하나 둘씩 문을 닫고 있는 상황이다.

프랜차이즈는 본사에서 창업에 대한 대부분을 모두 해 준다. 인테리어, 시장조사, 종업원 교육, 거래처 소개, 재료공급, 결제시스템 설치, 홍보 및 영업 노하우 등 전국에서 들어오는 정보와 노하우로 신규점포를 지원하기 때문에 동네 가게가 이길 수 없는 막

강한 경쟁력과 창업주는 단지 돈만 준비하면 된다는 장점이 있다. 이렇게 막강한 힘을 등에 업고 수많은 동네가게를 물리친 프랜차이즈들의 매장 주인들은 얼마나 돈을 벌고 있을까?

돈을 벌었다는 소식도 어디선가 들리기는 하지만 투자금액 대비 소득은 대박이 아닌 경우가 많고, 그저 생계형 수준인 경우가 많다. 그렇게 매출이 높은데도 불구하고 망하는 곳도 있을 정도니 이상할 따름이다.

처음 창업 시 가맹비 비용은 업종마다 다르겠지만 보통 500~1,000만 원 정도로 그리 비싸지 않다. 브랜드를 장착하는 데 이 정도 비용이면 거의 거저먹는 것과도 같다. 하지만 본사가 자선단체도 아니고 이익을 남겨야 하는데 그렇게 싸게 줄 리가 없다. 대신 인테리어 비용이 창업비용의 50~70%다. 상당히 높은 가격으로 책정되어 있는데 인테리어다 보니 원가계산이 정확히 산출이 안 되고 업체를 내가 선택할 권한도 없다. 이 부분이 실제 가맹비라고 볼 수 있다. 게다가 인테리어 비용은 몇 년마다 계속 주기적으로 해야 하므로 몇 년 수익의 일정분은 고스란히 이렇게 본사로 나간다. 그리고 종업원 교육비 등 이러저러한 이유로도 본사에서 꽤 많은 돈을 가져간다. 어쨌든 이제 영업을 시작했는데 내가 원하는 재료를 살 수도 없다. 철저하게 본사가 물건을 공급해 주고 이것을 바탕으로 상품을 팔아야 한다. 원가가 높게 책정되어 있기 때문에 나는 마진이 줄고 본사는 여기서 또 꾸준한 마진을 얻게 된다. 그리고 이 덕분에 본사는 물건이 얼마나 팔리는지 한눈에 알 수 있어서 이익이 난다 싶으면 주변에 새로운 점포를 또 열어버린다. 짜증이 날 수 밖에 없다.

이렇게 이것저것 다 떼이고 나면 대체 얼마나 남을까? 아주 대박 위치가 아닌 이상 투자한 돈만큼 고수익을 챙기기가 쉽지는 않다. 하지만 이런 대박 위치마저도 실질적인 직영점이라 일반인이 하는 가맹점은 프랜차이즈 본사에게 이익을 가져다 주고 브랜드 홍보를 위한 하나의 간판일 뿐이다. 수익이 잘 나도록 챙겨 주는 본사는 없다.

단, 정말 좋은 위치에 차리고 싶은 가게가 있는데 더 큰 홍보효과와 타 경쟁업체의 진입을 막아버리기 위해서 브랜드의 힘이 필요할 때 프랜차이즈를 이용하는 것이 좋다. 좋은 위치일수록 본사와의 계약 시에 내가 더 유리한 조건으로 계약을 이끌어낼 수가 있다. 하지만 브랜드의 힘을 빌리는 만큼 조공을 본사에다 바쳐야 하는 대가를 치를 각오는 하고 시작해야 한다. 세상에 공짜는 없으니까!

# 저자본 창업의 비밀

앞에서도 말했지만 큰 규모의 가게와 작은 규모의 가게는 장단점이 있다. 큰 규모의 가게의 경우 자연스레 손님을 끄는 효과가 있고, 장사가 잘 될 경우 엄청난 수의 테이블 수에서 나오는 급격한 매출액 상승으로 이루어질 수 있다는 장점이 있지만 불황이 오거나 트렌드가 지나버리면 비싼 임대료 덕에 큰 적자를 볼 수 있다.

그리고 노후를 유지할 수 있을 정도의 한 줄기의 파이프라인 관점에서 창업을 해야 하지 인생역전 수준의 창업을 꿈 꿔서는 안 된다. 잘 되면 좋고, 만약 잘 안 되어도 매출이 호황불황 차이 없이 어느 정도 일정하고 저자본으로도 가능해서 타격이 적은 가게가 좋다.

　주로 작은 가게가 이에 해당한다. 창업비용은 2억 미만으로 적게 들면 적게 들수록 좋다. 그리고 종업원 없이도 부부끼리 운영 가능하거나 종업원 한두 명만 두고도 운영 가능해서 인원 관리가 편한 업종이 좋고, 매출 대비 순이익이 높아야 불황에도 끝까지 견뎌낼 수 있다. 몸집이 큰 공룡은 먹거리가 일시적으로 줄자 멸종해버렸지만 작은 동물들은 불황을 잘 견뎌내서 지금까지 살아남았다. 그래서 처음부터 과도한 욕심은 좋지 않다.

　저자본이라고 해서 꼭 돈을 못 번다는 뜻은 아니다. 좋은 아이디어로 승부하면 승산이 있다. 노점이라고 해도 유동인구가 많은 길목을 잘 찾는다면 웬만한 점포가게 보다 더 큰돈을 벌 수도 있다. 예를 들어 보자. 내가 살던 동네에 삼겹살 바비큐를 파는 트럭이 막 들어왔다. 생전 처음 보는 거라 초저녁에 일찍 가지 않으면 다 팔리고 없어서 그 트럭이 아파트 입구에 오는 날이면 줄을 서서 살 정도였다. 정말 날개 돋친 듯 팔린다는 말이 이거구나 싶을 정도였다. 하루는 이 아파트, 다음 날은 저 아파트 옮겨 다니면서 팔아서 질리지 않고 매번 트럭이 오는 날에는 얼른 가서 샀다. 2년 뒤에 다시 그 동네를 갔을 때, 이 사장님은 이제 자기가 직접 운영하지 않고 직원을 두고 운영하고 있었다. 명함도 있고, 구역도 확장하고 매출도 중소기업 수준으로 올라갔다. 더 이상 고생 안 하고 돈방석에 앉아 있게 된 것이다.

꼭 큰 점포가 아니더라도 아이디어 하나로 대박을 이룬 실제 사연이다. 스티브 잡스도 아이디어 하나로 세상을 바꿨다. 젊을 때 좋은 아이디어를 미리 만들어 두면 노후에 편하게 살 수 있다.

# 성공의 8할은
# 위치선정

솔직히 아무 가게나 해도 위치만 좋으면 거의 성공할 수 있다. 그 정도로 가게 위치가 가장 중요다. 실제로 브랜드 커피 전문점의 커피가 정말 5,000원 이상의 가치가 있을 정도로 맛이 뛰어나서 장사가 잘 되는 걸까? 그렇다면 가장 좋은 대로변 1층에 위치하지 않고 변두리 지역 건물 3층에다가 차리면 사람들이 그 맛을 못 잊어서 그리로 갈까? 절대 그렇지 않다. 카페의 특성상 사람들이 많이 다니는 곳에 위치 하고 2층 이상이면 계단을 올라가야하기에 접근성이 떨어지므로 1층에 존재하게 된다. 가장 노른자 위치에 오픈을 하기 때문에 엄청난 임대료를 감당하기 위해서 한 잔에 5,000원이라는 가격을 부여한 것뿐이다. 하지만 이렇게 이유를 댈 수는 없으니 브랜드라는 가치를 얹어 놓은 것일 뿐이다 실제 원가는 자판기 커피와 크게 차이나지 않는다. 우리는 이 5,000원짜리 커피를 마시면서 원두 가격을 지불하는 것이 아니라 그 카페 땅값을 지불하고 있는 것이다. 어쨌든 수많은 커피전문점들은 살인적인 임대료를 내면서도 나날이 번창하고 있다. 그만큼 가게의 위치가 많이 좌우한다고 보면 된다. 그래서인지 요즘은 건물주들이 1층은 세를 주지 않고 직접 커피전문점을 운영하는 경우도 많다.

가게의 종류에 따라 다르겠지만 어떤 가게를 차리든지 1층이 최고다. 아무리 임대료가 1층이 비싸다고 하더라도 그 임대료 이상만큼 이익에서 엄청난 차이가 나기 때문이다. 1층이 아닌 곳에 있는 점포 중 대박가게가 나왔다는 이야기는 드물다. 접근성에서 2층 이상 또는 지하는 계단이라는 방해요소 때문에 꼭 필요로 하는 사람이 아니면 잘 안 가게 된다. 반대로 1층의 경우는 접근성이 좋아 뜨내기 손님들을 블랙홀처럼 빨아들인다. 그 중에서 단골이 나오고 점점 고객이 증가하면서 번창하게 되는 구조다.

그리고 대로변의 경우 임대료가 비싸기에 무턱대고 고르지 말고 사람들이 많이 다니는 거리를 골라야 한다. 길목을 골라 한 일주일 정도 시간대별, 요일별, 연령별로 유동인구를 조사하면 어떤 길에는 어떤 업종이 들어가는 것이 가장 효과적인지 알 수 있다. 무턱대고 싼 가게 찾는다고 사람들이 안 지나가는 거리에 가게를 차리고 대박을 꿈꾸는 건 매우 위험한 상상이다. 좋은 길목과 그에 맞는 업종의 가게를 차려야 그나마 불리하지 않게 시작할 수 있다. 특히 걸어 다니는 사람이 많고 신호등이 있어 잠시 발걸음을 멈추는 대로변 모퉁이는 정말 최고의 명당이다. 행인들도 쉽게 들릴 수 있고, 차를 탄 사람들도 잠시 차를 대고 물건을 사러 올 수도 있다. 게다가 모퉁이라 한 면이 아닌 두 면에서 보이기에 더 많은 사람들 눈에 띄고 그 동네의 위치를 표시하는 상징이 될 수 있다. 게다가 대로변 모퉁이에는 횡단보도가 있어서 행인과 운전자 모두에게 교통신호를 기다릴 때마다 쳐다보게 되는 각인 효과를 줄 수 있다. 하지만 이런 위치의 가게를 구하기가 하늘의 별 따기다. 장사가 기본적으로 되다 보니 가게를 넘기려는 사람도 없고, 비싼 권리금을 요구하기 때문이다. 그래도 이 위치를 차지하게 되면 임대료 이상의 큰 수익과 권리금을 챙길 수 있다. 단, 임대료가 너무 비싼 홍대나 강남 등의 경우에는 이면도로에 꽤 많은 행인들이 다니기 때문에 이면도로에 가게를 차려도 다른 곳의 대로변 모퉁이와 같은 효과를 얻을 수 있다. 실제로 직접 홍대 앞을 조사한 결과 사람들이 주로 다니는 이동로가 존재했다. 홍대는 워낙 독특한 형태의 인구이동로를 가지고 있어서 상권도 독특하게 형성 되어 있었다. 덕분에 목이 좋으면서도 상대적으로 저렴한 임대료의 가게도 몇 개 찾아냈다.

여기 외에도 다른 곳들에 대해서도 상세히 말하고 싶지만 공통점만 추려서 이야기하자면 대학교와 지하철역 사이 길목의 번화가, 아파트 밀집지역의 대로변 모퉁이, 해안가 전망이 보이는 상가 라인 등이 알짜 위치다. 주거지구이냐 상업지구이냐에 따라, 어떤 업종이냐에 따라 명당이 달라질 수도 있으니 자신이 차릴 가게를 상상하며 어느 곳이 가장 유리한지 고려해서 자리를 잡길 바란다.

# 인건비와 임대료가 제일 두렵다

가게를 시작하기 전에 가상 시뮬레이션을 그려 보아야 한다. 어느 위치에 어느 정도 유동인구인지를 파악하고 이와 비슷한 가게의 유동인구 대비 고객 비율을 구해서 우리 가게에 적용시켜야 한다. 그리고 같은 업종의 가게들의 매출 규모를 알아낸 후 마진을 계산해보면 여기서 인건비, 임대료, 세금 등을 빼고 순마진이 나온다. 이렇게 시뮬레이션을 돌린 후 혹시 모를 불황을 대비해 스트레스 테스트, 즉 매출을 줄여도 순마진이 어느 정도 나와서 버틸 수 있다고 판단된다면 시작해도 괜찮다.

하지만 이런 시장분석도 없이 매출대비 마진이 50%가 넘는다고 유아적인 생각으로 돈을 쓸어 담겠다는 발상을 하며 성급하게 오픈을 추진했다가 불황 때 정말 바람처럼 훅 가는 일이 없었으면 한다. 불황이 오면 정말 장사하는 사람들은 견디기 힘들다. 게다가 최저임금은 자꾸 올라서 인건비 부담은 날이 갈수록 커지고 있다. 이를 극복하기 위해서는 원가 마진을 넉넉히 잡아야 하는데 예상 판매량, 마진을 잘못 계산하는 순간 잘 팔아도 적자가 날 수가 있다. 만약 파리까지 날리는 날에는 투자한 돈을 다 까먹고 권리금도 못 받고 쫓겨나다시피 나오게 된다.

예를 들면 인천 부평에 유명 브랜드 의류 매장이 있는데 월세만 500만 원이다. 매출이 4,500만 원 이상부터 흑자라고 하는데 물건이 잘 팔려서 매출이 그 이상을 웃도니까 다행이긴 하다. 만약에 큰 규모의 가게가 파리 날리게 되면 얼마나 피해가 클지 감이 좀 오는가?

이에 대한 해법은 인건비와 임대료가 적게 드는 가게를 차려서 불황 시 피해를 최소화하도록 방어적인 성격으로 가거나 인건비나 임대료는 어차피 드는 고정비용이므로 고객을 최대한 끌어들여 매출을 극대화할 수 있도록 공격적으로 투자하는 방법도 있다.

참고로 임대료와 인건비 모두 핵심적인 지출 부분이지만 이 부분을 아끼지는 않았으면 한다. 임대료의 경우 그 가격만큼 고객 확보로 그 값어치를 하고, 인건비의 경우도 아끼지 않고 좋은 인재를 확보할 수만 있다면 그 이상의 고객에 대한 서비스와 매출증

대로 보답을 받을 수 있다. 손님 수 대비 적은 종업원 수는 서비스
의 하락을 일으키기에 너무 인력을 감축해서 운용하는 것은 좋지
않다.

# 레드오션과 블루오션 그리고 망하지 않을 가게

가게에는 두 가지 종류가 있다. 유행을 타는 가게와 유행을 타지 않는 가게. 유행을 타는 업종에는 레드오션과 블루오션이 존재하고 항상 변화하고 있다. 예를 들어 삼겹살 가게가 넘쳐나는 레드오션 상황에서 가격을 후려친 대패삼겹살이 나왔다. 1인분에 990원짜리도 있었으니 정말 대박으로 문전성시였으나 대패삼겹살도 레드오션으로 바뀌고, 이번에는 삼겹살에 칼집을 낸 가게들이 대박을 내서 블루오션이 잠시 되었다가 유사 브랜드가 난립하면서 다시 레드오션으로 바뀌었다. 그러다 이번에는 삼겹살보다 싸면서 맛은 더 좋은 특수부위를 파는 갈매기살 가게가 블루오션으로 떠올랐다. 그러나 한창 대박을 즐기다 갈매기살 가게가 우후죽순

생겨나면서 현재는 빨간불이 들어오고 있는 상황이다. 이제 유행이 끝나고 손님이 줄기 시작하면 하나씩 가게들이 문을 닫기 시작하고 끝까지 살아남은 몇몇 가게 빼고는 문을 닫거나 변신을 통해 성공을 시도할 것이다. 이런 가게 중 새로운 아이디어를 찾아낸 가게가 다시 블루오션의 신호탄을 쏘아 올린다.

블루오션이 시작일 때 가게를 시작해서 매출이 절정에 올랐을 때 엄청난 권리금을 받고 팔면 얼마나 좋겠냐만 신이 아니고서야 타이밍을 딱딱 맞추기는 어렵고 우리는 그냥 유행 없이 매출이 일정하고 호황불황이 없는 가게를 차리는 것이 좋다. 하지만 이런 가게들은 가장 적합한 위치에 이미 존재해서 자리를 잡고 있는 경우가 많다. 예를 들어 대규모 아파트 단지 앞 상가에 위치한 브랜드 제과점 같은 곳이 그러하다. 이미 벌써 다 자리 잡았다.

이런 경우 새로 생긴 아파트 단지에 입주해서 미리 선점하는 것이 좋다. 신도시 초기야 입주가 덜 돼서 조금 썰렁하지만 입주가 다 되고 상가들이 꽉 차면 이제 다른 가게는 내 가게 때문에 들어오지 못한다. 가장 적합한 위치에 적합한 업종이 들어오면 후발주자로 다른 가게가 들어와도 쉽게 점유율에서 밀리지 않다.

친환경 식품점이 주변에 없다면 이를 창업해도 좋은 아이템이다. 소득이 늘어나고 웰빙을 추구하면서 가격은 다소 있더라도 친환경 식품에 대한 수요가 꽤 늘고 있기 때문이다. 앞으로 소득이 더 늘어나면서 수요가 더 늘어날 것으로 예상되므로 성장성도 있고 유행을 타지도 않아서 성실하게 운영만 잘하면 꾸준한 수익을 줄 수 있을 것으로 예상되고 있다. 단, 소득수준이 일정수준이상 되는 곳에 위치해야 수요를 충족시킬 수 있으므로 입지 조건을 꼼꼼히 따져보아야 한다.

그 외에도 다른 지역에서는 꽤 인기가 있고 전망이 있는데 아직 우리 동네에는 없는 가게 중 가장 유행을 덜 타는 것, 동네 특성에 맞는 것, 큰 자본이 들지 않는 것 등 꼼꼼히 분석해서 제일 적합한 업종을 찾아보자.

# 창업성공을 위한 핵심 노하우

창업에 있어서 가장 중요한 것은 위치다. 아무리 좋은 가게여도 위치를 잘못 잡으면 말짱 도루묵이다. 이청용, 박지성이 골키퍼를 맡는 것과 똑같은 실수다. 유동인구가 많은 거리인가도 중요하지만 주변에 경쟁업종의 개수와 이들의 평판들도 잘 파악해 두어야 한다. 경쟁업소가 있어도 평판이 나쁘면 내가 공격적으로 투자해 점유율을 뺏어오면 된다. 웬만한 지역에는 있어야 할 업종들이 다 있지만 전국의 번화가를 둘러보면 아직 경쟁가게가 없는 한 마디로 먼저 깃발 꽂는 사람이 임자인 곳도 있다. 워낙 이사를 많이 다니고 전국을 자주 돌아다니다 보니 이런 곳들이 내 눈에 보인다. 그만큼 관심을 가지고 돌아다녔다는 뜻이기도 하다.

그리고 아이템이 기발해야 한다. 다른 가게와는 다른 독특한 것을 개발해야 사람들에게 홍보효과도 크고, 기억에도 오래 남는다. 대박을 칠 수도 있고, 먹히는 아이템이라면 최소 중박 이상은 가능하다. 이것은 개인의 경험이나 창의력에 많이 좌우되므로 딱히 도와줄 방법이 없다. 방법 하나를 알려준다면 다른 지역의 좋은 아이디어를 우리가게에도 적용시키는 것이다. 모방은 창조의 어머니라지 않은가.

또 하나, 서비스 정신! 요새는 어느 곳이나 서비스가 좋기 때문에 정말 고객을 감동시키지 않는 한 서비스라고 하기도 힘들다. 요즘 사회에서는 잘 느낄 수 없는 욕쟁이 할머니네 식당처럼 정이라는 것이 감동을 주는 역할을 할 수도 있고 사소한 것에 대한 배려, 고객을 소중히 여긴다는 말투와 표정, 태도가 감동의 요인이 될 수도 있다.

카페 손님들을 위해 향수를 불러일으키는 옛날과자나 달고나 등을 조금씩 서비스로 제공한다든가 손님이 자기만을 위한 서비스를 받는다고 느끼게 해 준다든가, 단골들을 다 기억하고 챙겨 준다든가 하는 것이 정을 느끼게 하는 예이고, 가게 화장실의 작은 것 하나까지도 여성고객이 불편하지 않고 편하게 느낄 수 있게끔 청결하고 깔끔한 인테리어로 되어 있다든가, 어린 아이, 노약자를 위해서 특수 시트나 휴식공간을 제공하는 게 배려의 한 예다. 그리고 주문을 받을 때 종업원들이 항상 밝은 미소로 고객과 눈높이를 맞추도록 자세를 낮추어서 고객을 대하는 태도가 고객들로 하여금 대접받는다는 느낌을 들게 하는 한 예다. 홈페이지를 만들어서 고객에게 정보를 제공하고 커뮤니티를 형성하고 고객의 소리를 자유롭게 들을 수 있도록 하는 것도 좋은 방법이다.

음식점이나 카페의 경우 테이블 당 회전률을 높이거나 테이블 당 단가를 높여서 수익을 높이는 것도 좋은 예다. 낮에는 커피 고객이 주류지만 밤에는 와인을 마시는 분위기를 형성해 단가를 높여 고부가가치를 이끌어내는 것이다. 또는 값을 인상하기 보다는 신 메뉴를 등장시키면서 가격을 높이고 이목을 집중시킨 뒤 기존 메뉴의 가격도 뒤따라 조금씩 인상시키는 것도 한 방법이다. 괜히 햄버거 가게가 신 메뉴를 개발하는 것이 아니다. 기존 주력 메뉴의 가격을 부담 없이 인상시키기 위한 방편이다.

작은 아이디어 하나가 죽은 가게도 살릴 수 있다. 좋은 아이디어가 있다면 자신의 가게에 맞게 변형시켜서 적용해보길 바란다.

## Episode 6

"자네 요즘 많이 달라졌구만?"

"네? 어떤 게 달라졌어요?"

"음, 딱 꼬집어서 말하긴 힘들지만…… 입는 옷이 더 깔끔해진 것 같네. 그리고 약속시간도 갈수록 잘 지키는 것 같고 말이야."

"하하하 정말요? 새로 옷을 산 건 아닌데요……."

"농담이 아닐세. 처음 자네를 봤을 때는 좀 뭐랄까, 꾀죄죄했거든. 옷도 지저분하고 말이야. 특히 시간약속도 그렇게 잘 지키는 편이 아니었지. 매번 헐레벌떡 뛰어오고."

"아, 그러고 보니 요즘 회사에서도 칭찬 많이 듣습니다. 좀 달라졌다고……"

"옷이 꾀죄죄하다는 것과 시간약속을 잘 지키지 못하는 것은 치열한 인생의 전투에서 제대로 준비를 하지 않고 있다는 것이지. 하지만 요즘 자네를 보면 모든 면에서 나아지고 있어. 바로 내 강의를 제대로 듣고 마음 깊이 새기고 있다는 증거네."

사실 김 교수의 말이 맞았다. 김 교수의 과외는 놀라웠다. 민구 씨가 김 교수의 과외 내용을 철저히 공부하면 할수록 민구 씨는 달라져 갔다. 민구 씨의 재정상태는 눈에 띄게 좋아지기 시작했으며 민구 씨는 경제적 측면뿐만 아니라 시간 및 자기 관리 등 모든 면에서 더욱 주체적이고 성실히 살기 시작했다. 마치 새로운 인생이 시작된 것 같았다. 더욱 고무적인 것은 앞으로의 삶에서 민구 씨가 자신의 인생 전반을 미리 내다보고 준비할 수 있는 기본기를 가지게 되었다는 것이다.

"오늘이 사실 마지막 강의일세. 그동안 열심히 들어줘서 고맙네."

"네?"

청천벽력 같은 김 교수의 선언에 민구 씨는 화들짝 놀랐다. 아직 부족한 것 같은데 벌써 마지막이라니.

"그래도 가르쳐 줄 수 있는 것은 다 가르쳐 주었고 자네도 나한테 배울 것은 다 배웠어."

"교수님. 아직 부족하고 멀었습니다. 배워야 할 것이 많다니까요!"

"아닐세. 자네에게 이제 탄탄한 기본기가 갖추어졌으니 이제 내가 목표한 바는 다 가르쳤어. 더 배우고 싶은 것이 있다면 이제 그 분야의 고수들에게 진지하게 배움을 청하도록 해봐. 이제 한 분야씩 전문적으로 배워 가며 다양한 분야의 전문가가 되어야 하네.”

“알겠습니다. 교수님, 정말 그동안 고마웠습니다.”

“그런데 말야, 자네……”

“예? 교수님.”

교수님이 무언가 중요한 말을 할 것 같은 기분에 민구 씨는 자세를 고쳐 안았다.

“내가 지금까지 자네에게 이런 귀중한 가르침을 알려주었던 이유를 알겠나?”

“음……”

사실 민구 씨도 의아했다. 자신이 매달리긴 했지만 사실 정말 오리무중이었다. 왜 이 유명한 김 교수가 자신에게 개인강의를 해주는 걸까?

“글쎄요, 잘 모르겠습니다.”

“뭐 몰라도 상관없어! 그리고 오늘은 자네가 계산할 필요가 없네. 일단 한잔 하게!”

“무슨 말씀이십니까? 제가 대접해야지요. 마지막인데……”

“그나저나 마지막 수업인데 소감 같은 거 없나? 강의평가 같은 거 말이야.”

김 교수는 어색한 분위기를 무마하려는 듯 뜬금없는 질문을 했다.

"아이쿠! 저야 그냥 감사할 따름이죠. 감히 소감 같은 것을 말해보자면 이제야 인생의 길을 찾은 느낌이에요. 힘든 직장생활에도 왜 일해야 하는지, 어떻게 일해야 하는지, 재테크에 대한 지식을 알게 되면 될수록 그런 목표의식들이 확고해진 느낌입니다."

"그래…… 그거면 됐어. 아주 훌륭해."

김 교수는 흐뭇한 표정으로 소주를 들이켰다.

"계산할 사람이 올 때가 됐는데?"

"누구?"

아까부터 이상한 기분에 민구 씨는 누가 오는지 확실히 물어볼 참이었다.

"아빠!"

'응? 아빠?'

갑자기 들려오는 소리에 뒤를 돌아본 민구 씨는 깜짝 놀랐다.

활짝 미소를 지으며 김 교수의 팔짱을 끼는 이는 바로 민구 씨의 여자친구 은정 씨였다!

"우리 민구 씨 어때? 괜찮지?"

"허허, 내가 니 남자친구 더 멋지게 꾸며줬으니 오늘은 우리 딸이 한턱 사는 거다!"

민구 씨는 입을 다물지 못했다.

"아니! 김 교수님이 자기 아버지였어?"

"그럼! 내가 부탁했지. 우리 민구 씨 어떤 사람인지 봐 주고 재테크 공부 좀 시켜 달라고!"

은정 씨의 웃음 섞인 대꾸에 민구 씨는 머리를 얻어맞는 느낌이었다. 지금 당장 해야 할 일은 무엇일까?

"어이쿠!! 장인어르신!!! 제가 몰라 뵈어서 죄송합니다!"

민구 씨는 가게 바닥에 넙죽 엎드려 절을 했다.

"뭐!! 허허 성질 급하구만. 내가 언제 자네를 사위로 받아들인다고 했나? 그래도 아직 많이 부족해. 내가 잘 지켜볼 거야! 겨우 1차 심사 통과한 것뿐이라고, 알겠나? 허허."

"네 꼭 열심히 하겠습니다. 믿어주십시오."

어쩔 줄 모르는 민구 씨를 보며 여자친구 은정 씨는 깔깔깔 웃어댔다.

# 진짜 부자는
# 마음가짐이 다르다

당신이 재테크를 시작한 계기는 무엇인가? 빨리 부자가 돼서 업무 스트레스와 괴롭히는 상관에게서 탈출하기 위해서는 아닌가. 부자가 되면 본업을 그만두고 하고 싶은 가게를 차리거나 여행을 다니거나 지금과 다른 일을 해보는 상상을 하면서 말이다.

과연 그렇게 일상을 탈출하면 행복할까? 직장에서 인정받지 못하고 재테크에만 목매다가 실패하면 정말 참혹할 것이고, 성공해서 나간다 하더라도 그 씁쓸한 여운은 평생 느껴질 것이다.

우리가 재테크를 하는 진짜 목적은 노후 걱정 없이 본업에 자신의 열정을 전부 쏟아부을 수 있는 것, 부조리나 불합리에 굴하지 않고 당당하게 자신의 신념을 밀고 나가며 돈에 굴복하는 선배가 아닌 통 크고 쿨하고 존경받는 선배가 되는 것 아닐까?

이렇게 직장에서 인정받고 살면서 후회 없이 자신의 모든 열정을 쏟아부은 뒤 퇴직 후 여유 있는 노후를 즐기며 자신이 하고 싶은 것들을 하며 제2의 인생을 산다면 한 번 사는 인생 후회하지 않고 살다 가는 것 아닐까?

월급에 목말라 하는 수동적인 삶을 사는 직장인이 아닌 여유를 가지고 자신의 일을 즐기며 할 수 있는 멋진 직장인이 되어 성공한 당신의 재테크 노하우를 직장 후배들에게 전수하는 멋있는 부자가 되자.

그런데 부자가 된다고 행복해질 수 있을까? 간혹 부자들에게서 종종 듣는 말이 있다.

"정말 열심히 살았고 돈도 불려서 남들 앞에 떵떵거리며 살 수 있게 되었어. 젊었을 때 돈 때문에 상처 받았던 아련한 기억들도 떠오르지만 이젠 다 옛날 일이야. 난 부자니까. 돈만 있으면 그 상처를 다 지울 수 있고 뭐든지 할 수 있지! 하지만 허전한 이 느낌은 무엇일까? 사람들이 나보고 수군수군대는 것 같은데, 돈밖에 모르는 냉혈한이라고 하는 것 같기도 하고, 찌르면 피도 안 나올 사람이라고 하는 것 같기도 하고. 난 열심히 산 것밖에 없는데 대체 왜?"

그래 맞다. 돈이 없으면 서러운 세상이다. 정말 그 고통은 이루

말할 수 없다. 자려고 누워도 때때로 그때 그 기억이 나서 뜬 눈으로 밤을 새운 적도 있다. 돈이 있었으면 그런 고통은 없었을 것이다. 그러나 돈에 한이 맺혀 돈을 위해 맹렬히 달려가는 순간 중요한 것들을 하나씩 잃어가고 본인도 모르는 사이 서서히 돈의 노예가 되어 있을 것이다.

결국 부자라는 것이 되고 나서 주위를 돌아보면 현재 남아 있는 것들은 어쩌면 아무 쓸모도 없는 것들일 수 있다. 아무리 좋은 집이라고 해도 소중한 사람들과 따뜻한 저녁을 함께 먹을 수 있는 집만 못하고 아무리 좋은 차도 사랑하는 사람과 가족들이 없다면 그저 사치에 불과할 뿐이었다. 아무리 좋은 음식도, 화려한 여행도, 좋은 집도 누구와 함께 하느냐가 중요하지 그 자체가 중요한 것은 아니기 때문이다. 다 잃고 돈만 남았을 때 내 돈을 노리는 주변 아첨꾼들만 남았을 때 느끼는 인생의 허무함은 돈 없어 슬픈 것만큼 고통스럽다. 인생에 있어서 가장 중요한 시간과 사람들을 잃었기 때문에…….

돈은 돈이 없어 아쉽지 않고 노후가 충분히 보장될 정도만 있으면 그 이상부터는 큰 의미가 없다. 자식들에게 물려줘 봤자 관리 잘 못하면 결국 바람처럼 사라지는 것이 돈이기 때문에 돈이 아닌 돈을 모으고 관리하는 법을 알려주는 것이 더 현명한 방법일 것이다. 돈에 너무 얽매여서 소중한 시간을 잃지 않기를 바란다. 그

때는 몰라도 모든 것이 지난 후에 보면 자신도 모르게 어느덧 진짜 부자가 되어 있을 것이다.

부자가 되면 그만큼의 사회적 의무가 생기는데 이를 노블리스 오블리제라 한다. 부와 권력, 명성은 사회에 대한 책임과 함께 해야 한다는 뜻이다. 나중에 당신이 부자가 되고 나면 이제 당신은 당신 혼자 맘대로 할 수 있는 그런 사람이 아니라 사회적인 공인으로서 사회에 대해 책임을 가지고 해결에 동참을 해야 한다. 내가 잘나서 벌었으니 내 맘대로 쓰겠다는 마인드는 졸부와 다름이 없다. 그래서 졸부는 부자여도 사람들에게 인정받지 못하고 손가락질을 받는다.

노블리스 오블리제를 실천한 경주 최 부자 집안을 예로 들어 보겠다. 보통 부자는 3대를 이어가기 어렵다는 말이 무색하게 최 부자 집안은 300년 12대 동안 만석의 재산을 유지한 부를 유지한 집안으로 유명하다. 최 부자 집안은 또한 많은 선행과 독립운동의 후원자 역할을 통해 지도층으로서 모범을 보였다.

최 부자 가문의 기본적인 생활 지침은 다음의 '육연六然'이라는 가훈이었다.


1. 과거를 보되 진사 이상은 하지 마라.
→ 권력과는 일정거리를 유지하라는 뜻이다.

2. 재산은 만석 이상 모으지 마라.

　→ 욕망을 절제하라는 뜻이다.

3. 과객을 후하게 대접하라.

　→ 덕을 쌓고 인심을 얻으라는 뜻이다.

4. 흉년기에는 재산을 늘리지 마라.

　→ 남의 불행을 기회로 삼지 말라는 뜻이다.

5. 사방 백 리 안에 굶어 죽는 사람이 없게 하라.

　→ 혼자만 잘 먹고 잘 살지 말고 이웃과 나누라는 뜻이다.

6. 며느리들은 시집온 후 3년간 무명옷을 입어라.

　→ 근검절약하는 생활을 강조하라는 뜻이다.


이 가훈들을 종합해보면 덕을 쌓고 절약하며 존경받을 수 있는 부자가 되는 방법과 부자들이 나아가야 할 방향에 대해 제시를 하고 있다. 그런데 부자가 된 다음에 이것을 실천하는 것이 아니라 지금 이 순간부터 노블리스 오블리제를 실천하면서 살아야 한다. 지금 당장은 내가 실천할 수 있는 작은 것에서부터 시작해서 부와 사회적 위치가 커지면 점차 그 규모를 키워야 한다.

너무 화려한 것을 찾기보다 당장 내 주변에 소외받고 있는 이웃부터 돕는 것이 좋을 것 같다. 한국은 사회복지제도가 참 잘 되어 있는 나라 중 하나지만 불우하게도 이 복지제도의 사각지대에 존재하는 사람들도 있다. 꼭 물질적인 도움보다도 이 사람들이 복지 제도 안에 들어올 수 있도록 제도적으로 절차를 도와준다든가 종종 찾아가서 관심과 사랑을 나누고 희망을 북돋아 주는 등의 일은 우리가 마음만 먹으면 언제든지 할 수 있는 일이다. 필자도 법률 제도의 보호를 받지 못하는, 실제로는 소년소녀가장과 다름없는 아이들과 독거노인들을 찾아 돕고 있다. 이런 분들이 눈에 잘 띄지 않지만 조금만 관심을 가지고 주변에 수소문을 해보면 어렵지 않게 찾을 수 있다. 이렇게 작은 실천으로 시작해서 부가 증가할 때마다 기부 및 나눔의 실천의 크기를 더 키운다면 좋은 부자 또는 좋은 사회의 일원으로서 제몫을 다하는 것이 아닐까 생각한다.

이 책이 여러분의 부를 쌓는 데 조금이라도 도움이 되길 바라고 여러분이 부자가 돼서 사회에 긍정적인 영향을 주는 사람이 되길 바라는 마음이다. 이 책을 쓰는 데 많은 조언을 준 금융전문가들과 쉽고 재미있는 재테크가 되도록 교정을 도와준 강동휘 선생님께 감사의 뜻을 전한다. 다시 한 번 모두 원하는 바를 이루기를 진심으로 바라며 이 책을 마친다.

KI 신서 4407

# 내 월급 사용 설명서

**1판 1쇄 발행** 2012년 11월 14일
**1판 8쇄 발행** 2018년 1월 8일

**지은이** 전인구
**펴낸이** 김영곤 **펴낸곳** (주)북이십일 21세기북스

**정보개발본부장** 정지은 **책임편집** 장보라
**출판영업팀** 이경희 이은혜 권오권
**출판마케팅팀** 김홍선 배상현 최성환 신혜진 김선영 나은경
**홍보기획팀** 이혜연 최수아 김미임 박혜림 문소라 전효은 염진아 김선아
**제작** 이영민

**출판등록** 2000년 5월 6일 제10-1965호
**주소** (10881) 경기도 파주시 회동길 201(문발동)
**대표전화** 031-955-2100 **팩스** 031-955-2151 **이메일** book21@book21.co.kr

**(주)북이십일** 경계를 허무는 콘텐츠 리더

21세기북스 채널에서 도서 정보와 다양한 영상자료, 이벤트를 만나세요!
**페이스북** facebook.com/21cbooks **블로그** b.book21.com
**인스타그램** instagram.com/21cbooks **홈페이지** www.book21.com

서울대 가지 않아도 들을 수 있는 명강의! 〈서가명강〉
네이버 오디오클립, 팟빵, 팟캐스트에서 '서가명강'을 검색해보세요!

© 전인구, 2012

ISBN 978-89-509-4364-6 13320
책값은 뒤표지에 있습니다.

이 책 내용의 일부 또는 전부를 재사용하려면 반드시 (주)북이십일의 동의를 얻어야 합니다.
잘못 만들어진 책은 구입하신 서점에서 교환해 드립니다.